SPANISH
Extra!

Juan Kattán-Ibarra

TEACH YOURSELF BOOKS

For UK orders: please contact Bookpoint Ltd, 39 Milton Park, Abingdon, Oxon OX14 4TD. Telephone: (44) 01235 400414, Fax: (44) 01235 400454. Lines are open from 9.00–6.00, Monday to Saturday, with a 24 hour message answering service. Email address: orders@bookpoint.co.uk

For U.S.A. & Canada orders: please contact NTC/Contemporary Publishing, 4255 West Touhy Avenue, Lincolnwood, Illinois 60646–1975, U.S.A. Telephone: (847) 679 5500, Fax: (847) 679 2494.

Long renowned as the authoritative source for self-guided learning – with more than 30 million copies sold worldwide – the *Teach Yourself* series includes over 200 titles in the fields of languages, crafts, hobbies, business and education.

British Library Cataloguing in Publication Data
A catalogue record for this title is available from The British Library.

Library of Congress Catalog Card Number: On file

First published in UK 1999 by Hodder Headline Plc, 338 Euston Road, London, NW1 3BH.

First published in US 2000 by NTC/Contemporary Publishing, 4255 West Touhy Avenue, Lincolnwood (Chicago), Illinois 60646–1975 U.S.A.

Typeset by Transet Limited, Coventry, England.
Printed in Great Britain for Hodder & Stoughton Educational, a division of Hodder Headline Plc, 338 Euston Road, London NW1 3BH by Cox & Wyman Ltd, Reading, Berkshire.

Impression number   10 9 8 7 6 5 4 3 2
Year   2005 2004 2003 2002 2001 2000

CONTENTS

norsy

Introduction _____ **1**

1 | **Cosas del diario vivir** _____ **6**
Talking about daily activities and habits, saying how
often you do something, relating a sequence of events.

2 | **Tiempo de ocio** _____ **20**
Making invitations, making suggestions, stating
preferences, expressing likes and dislikes.

3 | **¡A trabajar!** _____ **34**
Describing your job, discussing working conditions,
saying what you like or dislike about your job,
referring to events which began in the past and which
are still in progress.

4 | **De vuelta al colegio** _____ **50**
Talking about your studies, referring to past events,
saying how long ago something happened,
making enquiries.

5 | **De vacaciones** _____ **66**
Describing places and people you knew in the past,
expressing hope, expressing intentions, talking about
the future, talking about the weather, expressing regret.

6 | **Un lugar donde vivir** _____ **82**
Asking for information about accommodation, booking
into a hotel, stating requirements regarding accommodation,
describing a place in terms of location, size and
facilities, asking and saying what something costs.

7 **¿Por dónde se va?** _____ **100**
Asking how to get to a place, giving directions, asking
and giving information about transport.

8 **Servicios y comunicaciones** _____ **114**
Referring to the recent past, using indirect speech,
making complaints, giving advice and recommendations,
giving instructions, expressing certainty and uncertainty.

9 **Usted, el consumidor** _____ **129**
Asking for something in a shop and enquiring about
forms of payment, describing things, expressing open and
remote conditions, expressing obligation and needs,
expressing surprise.

10 **Estar en forma** _____ **147**
Describing minor ailments, referring to an action in
progress, expressing indirect suggestions or commands.

11 **El mundo que nos rodea** _____ **158**
Asking and giving opinions, agreeing and disagreeing,
expressing relationships of cause and effect, offering
solutions, expressing unfulfilled conditions.

12 **Ellos y ellas** _____ **172**
Expressing comparisons, expressing probability,
expressing contrasting ideas.

Key to the exercises _____ **187**

Transcript of ¡A escuchar! passages _____ **202**

Spanish–English Vocabulary _____ **213**

Index _____ **219**

INTRODUCTION

This is a complete course for students who already have a basic knowledge of the language who want to improve their skills of communication. If you have completed a course such as *Teach Yourself Spanish* or another beginner's course in Spanish and wish to build on what you have learnt and increase your ability to communicate, *Teach Yourself Spanish Extra!* offers you ample opportunity to do this. Although the course has been designed especially for people studying on their own, the material and exercises will also lend themselves to classroom use. Students taking evening classes in Spanish, studying for GCSE or GCE Advanced level and other examinations where the emphasis is on acquiring communicative skills, will find plenty of material in this book to help them achieve their objectives.

How to use this course

Each unit of the book is divided clearly into different sections, and the following procedure is suggested for dealing with each of them:

Objetivos (Objectives)

This section outlines the main objectives of the unit in terms of language functions, that is, in terms of what you are going to learn to do with the language, for example *Talk about daily activities* or *Say how often you do something*. Read this section before you start and try to recognise within each unit how these objectives are realised in different language forms and expressions. Make a note of these as you cover each unit, and try to learn and use them in other contexts.

Tema (Topic)

Read this section which gives information about the main topic of the unit. Each unit focuses on one main subject. Unit 1, for instance, concentrates on daily activities, Unit 3 on work and employment, Unit 11 on the environment. Twelve different topics are covered throughout the book, many of these dealing with everyday situations, a few covering more abstract themes.

Diálogos (Dialogues)

All units contain two, three or more dialogues highlighting the main theme and objectives outlined previously. After the title of the dialogue, there is a brief introduction in Spanish which sets the scene. Read the dialogue, noting all the new language forms and vocabulary, particularly those phrases which are related to the **Objetivos** outlined at the start of the unit. The vocabulary list at the end of each dialogue contains the key words and expressions which are necessary to understand the passage. Other less known words are given in the **Spanish–English Vocabulary** at the end of the book. At this stage however, you should work with a dictionary, not just to look up words which are not listed in the book, but also to find other examples of their use. A good medium-sized dictionary should help. Then, look at the **Notas explicativas** (*Explanatory notes*), which contain references to important language points within the dialogue, some of which will be dealt with in more detail in other sections.

Once you have grasped the meaning of the dialogue, read it through again two or three times, until you are satisfied that it is clear. Then turn to the **Ejercicio de comprensión** (*Comprehension exercise*) which tests your understanding of the dialogue through various types of questions. To check whether your answers are correct, refer to the **Key to the exercices** beginning on page 187.

If you have the complete course which includes the cassettes, start by listening to the recording of the dialogue before you read it, trying to understand as much as possible of the language used by the native speakers, and paying special attention to their pronunciation and intonation. You don't need to understand every single word, but try at least to get the gist of what is said. If you follow this procedure, you will find that your capacity to understand spoken Spanish will soon begin to improve. Once you have heard the dialogue a few times, read the text and follow the steps suggested above.

Frases y expresiones importantes (Important phrases and expressions)

This section brings together examples of the different language functions outlined under the **Objetivos**. Read them carefully, as these are the basis of the lesson and of what you will be practising in the exercises. Add to these from your own notes if possible and think of alternative forms of expression.

Notas gramaticales (Grammar notes)

Here the grammatical content of the unit is explained in English and illustrated in sentences. You will have plenty of opportunity to revise the language forms you learnt in your beginner's Spanish course, particularly tenses, as the book covers all the main ones, from the highly frequent present and past tenses to the less frequent subjunctive forms, some of which may be new to you. Study these language points and note how they have been used in the dialogues and in the exercises which follow. Check your progress by doing the exercises under **Repaso** (*Revision*). The answers are in the **Key to the exercises**. You may feel that you want to study some points in more depth, in which case a reference grammar book such as *Teach Yourself Spanish Grammar* or a similar work may help you.

Actividades (Activities)

This section contains a series of exercises which give you practice in using the language for communication. Most of these are clearly functional in nature, centring on the aims outlined at the start of the unit. Others, particularly the reading passages, focus on the main theme. You are going to be the main actor in this section, carrying out the instructions given at the beginning of each exercise, which may involve understanding and acting on what a Spanish speaker has said, playing a role, writing a letter, helping a travelling companion who doesn't know any Spanish, translating a text, seeking information, and so on. Do each exercise as suggested in the instructions and then check the answers, if necessary, in the **Key to the exercises**.

Each unit contains, within this section, one or more longer reading passages designed to help you increase your passive vocabulary and to build on comprehension. Most of these deal with important cultural points related to either Spain or Latin America. Read them through and answer the questions which either precede or follow the text and check them, if necessary in the **Key to the exercises**. You don't need to understand every single word here, but don't hesitate to use your dictionary if you want to study the passage in more depth. The majority of these texts are authentic and have been taken from Spanish and Latin American newspapers and magazines.

The exercise which carries the title ¡**A escuchar!** (*Listen!*) may be used for listening comprehension if you have the cassettes or as another exercise on reading comprehension if you are using the book without the cassettes. Whichever way, read the introduction to the exercise, as this will tell you how to deal with the text and what sort of exercise you are expected to do. Remember, the aim here is to try to get the gist of what is said, so whether you are using the book with a cassette or without it, you should read or listen to the text as many times as you think necessary, noting down the main ideas in English or Spanish and paying special attention to how these ideas have been expressed. Some of the texts used in these exercises come from Spanish and Latin American radio. A transcript of the recordings will be found on page 202.

Consolidación (Consolidation)

This section is intended as a form of self-evaluation and it calls for freer use of language, for example writing letters and dialogues. Whenever possible, try to use as many of the language forms you learnt throughout the unit and to incorporate as much old and new vocabulary as you can while making the text sound real. Model letters and dialogues will be found in the **Key to the exercises**, but bear in mind that your version may be just as good.

Symbols and abbreviations

m   =   masculine gender of noun   V   = **Verdadero**, *true*

f   =   feminine gender of noun   F   = **Falso**, *false*

pl   =   plural form   sing = singular

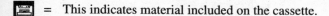

☐ = This indicates material included on the cassette.

❝❞ = This indicates dialogue.

☑ = This indicates exercises – places where you can practise using the language.

🔑 = This indicates key words or phrases.

⚙ = This indicates grammar or explanations – the nuts and bolts of the language

✳ = This draws your attention to points to be noted e.g. the grammar points relating to each dialogue.

Acknowledgements

The author and publishers would like to acknowledge the following for use of their material in this volume: revistas Cambio 16, Tiempo, Quo, Mía, Buena Salud, Guía del Ocio; periódicos La Vanguardia, El País, Ya, El Mundo, Diario 16, Sur, El Mercurio; radios Nacional de España, San Cristóbal, La Romántica; Universidad de Málaga; Club Vacaciones; Red Nacional de los Ferrocarriles Españoles; Banco Popular Español; OMIC, Toledo; Comisión Especial de Descontaminación de la Región Metropolitana, Chile.

1 COSAS DEL DIARIO VIVIR

Objetivos

- Talk about daily activities and habits
- Say how often you do something
- Relate a sequence of events

Tema

The dialogues and exercises in Unit 1 focus on everyday activities. Through them you will have the chance to review and practise some of the things you learnt in your beginner's Spanish course, for example the present tense to refer to habitual actions. As in other units of this course, you will find some authentic material which will help you to increase your vocabulary and understanding of real Spanish as well as your capacity to use the language properly in everyday situations. As the unit progresses, help will be given to you with vocabulary and some key grammatical points, but you may also want to use your own Spanish dictionary and a reference grammar to assist your learning.

Diálogos

1 ¿Qué sueles hacer?

Carlos Salinas, escritor, es entrevistado por una periodista de una revista española. En una parte de la entrevista, Carlos comenta acerca de su vida diaria.

Periodista   Carlos, a veces la gente se pregunta cómo es la vida diaria de un escritor, que no tiene que salir de su casa ni cumplir un horario o vérselas con un jefe autoritario y gruñón.

Carlos   Pues mira, es verdad que trabajar en casa tiene sus grandes ventajas, no tienes que perder el tiempo yendo de un lado a otro de la ciudad en el coche, el metro o lo que sea. Ahora, en cuanto a lo del horario, es cierto que a mí nadie me impone un horario de trabajo determinado como suele ocurrirle a casi todo el mundo. Pero el horario me lo impongo yo mismo. Soy una persona bastante disciplinada. Suelo levantarme sobre las siete de la mañana, me doy una ducha y luego bebo un café. No acostumbro a comer mucho por la mañana. A veces unas tostadas o algunas pastas. A las ocho me siento frente al ordenador y no paro hasta el mediodía...

Suelo levantarme sobre las 7.00 de la mañana.

Me doy una ducha.

Luego bebo un café.

A las 8.00 me siento frente al ordenador y no paro hasta el mediodía.

Periodista   ¿Te molesta que interrumpan tu trabajo?

Carlos   Sí, pero, vamos, no suele ocurrir. Mi familia y mis amistades conocen muy bien mis hábitos y nunca me llaman por la mañana, a no ser que sea para algo importante. Por la tarde, trabajo menos intensamente.

Periodista   ¿Qué sueles hacer por la noche?

Carlos   Bueno, yo soy un gran aficionado a la música, principalmente al jazz. A menudo vienen amigos a casa por la noche, escuchamos música, tomamos unas copas, charlamos ... A veces vamos al cine o a cenar fuera ...

Periodista   ¿Cambiarías tu vida por la de una persona normal?

Carlos   No, definitivamente no, prefiero seguir haciendo lo que hago.

diario vivir (m)	daily living
cumplir un horario	to keep to a timetable
vérselas con (uno)	to deal with (someone)
gruñón	grumbling
perder el tiempo	to waste time
de un lado a otro	from one end to the other
o lo que sea	or whatever
en cuanto a	as regards
imponer	to impose
darse una ducha	to take a shower
pastas (f pl)	small cakes
ordenador (m)	computer
a no ser que	unless
ser aficionado a	to be fond of, to like

✳ **Notas explicativas**

(a) **Soler** followed by the infinitive. Notice the use of **soler** with the infinitive in:

Como **suele ocurrirle**.   *As it usually happens.*
Suelo levantarme.   *I usually get up.*

For more information on **soler** see **Notas gramaticales** on page 13.

(b) **Acostumbrar (a)** followed by the infinitive. This construction has the same meaning as the previous one with **soler**:

No acostumbro (a) comer   *I don't usually eat much in the*
mucho por la mañana.   *morning.*

For further information and more examples see **Notas gramaticales**.

(c) **Sí, pero vamos, no suele ocurrir**. Notice the use of **vamos** here, a word of high frequency in spoken Spanish, used as a filler in hesitation, just as English uses the word *well*.

Ejercicio de comprensión 1

Answer the following questions in Spanish.

(a) ¿Qué ventajas ve Carlos en trabajar en casa?
(b) ¿Cómo se describe Carlos?
(c) ¿Qué hace a las ocho de la mañana?
(d) ¿Por qué nadie suele interrumpir su trabajo?
(e) ¿Qué hace normalmente por la noche?

2 Un día normal

Alicia Álvarez, ejecutiva de una empresa textil, habla sobre su vida diaria.

Periodista   Alicia, ¿cómo es un día normal para una ejecutiva de una gran empresa?

Alicia   Bueno, difícilmente puedo hablar sobre lo que es un día normal para mí, ya que mis actividades son muchas y muy variadas. Pero, naturalmente, como casi toda la gente que trabaja, estoy sujeta a una cierta rutina que, quiéralo o no, tengo que cumplir. Vivo bastante lejos de la fábrica y por lo general salgo de casa a eso de las ocho, pues si lo hago más tarde el tráfico es fatal. Normalmente, llego a la fábrica sobre las nueve de la mañana, primero consulto mi agenda para ver qué actividades tendré que cubrir y seguidamente planeo el día con mi secretaria. Hay días de mayor actividad que otros, pero casi siempre estoy muy ocupada.

Periodista   ¿Vuelves a casa a comer?

Alicia   No, ¡qué va! Sería imposible, ya que tardaría mucho tiempo. Suelo comer en el restaurante de la empresa que no está nada mal.

Periodista   ¿A qué hora vuelves a casa normalmente?

Alicia   Pues, nunca antes de las nueve o las diez de la noche. Lo que pasa es que después de dejar la fábrica hago mis compras o voy a tomar una copa con algún amigo y de vez en cuando visito a mis padres.

Periodista   ¿Tienes alguna otra actividad, aparte de tu trabajo y tu vida social?

Alicia   Bueno sí, dos veces por semana voy a un gimnasio para mantenerme en forma y relajarme. En verano suelo ir a la piscina los fines de semana.

empresa (f)	company
estar sujeto a	to be tied down
Quiéralo o no.	Whether I like it or not.
agenda (f)	diary
cubrir	to cover
planear	to programme
mantenerse en forma	to keep fit
relajarse	to relax

✳ Nota explicativa

¡Qué va! Notice this expression which in this context translates into English as *certainly not!* Other translations of this expression, depending on the context, are *nonsense!*, *rubbish!*, *nothing of the sort!*

Ejercicio de comprensión 2

What phrases have been used in the dialogue to express the following:

(a) I can hardly speak …
(b) Since (*or* given that) …
(c) About *or* around (eight/nine o'clock)
(d) It would take me a long time.

(e) It's not bad at all.
(f) What happens is that …
(g) To have a drink.
(h) From time to time.

▦ 3 ¿Qué hace usted?

Teresa González es ama de casa. Teresa habla acerca de su vida diaria.

Periodista   Teresa, ¿qué hace Vd. en un día normal?

Teresa   Pues, me levanto a eso de las siete y media para preparar el desayuno para mi marido y mis hijos. Mi marido se va al trabajo a las ocho y media y los chicos salen para el colegio sobre las nueve menos cuarto. Después me arreglo y salgo a hacer la compra del día. Voy al mercado que está a diez minutos de aquí, a la panadería, dos o tres veces por semana voy al supermercado, vamos, depende de lo que haga falta. Nunca es igual. Luego vuelvo a casa para preparar la comida.

Periodista   ¿Sus hijos y su marido vienen a casa a comer?

Teresa   Mis hijos sí, pero mi marido no.

Periodista   ¿Y por la tarde, qué hace?

Teresa   Pues, veo un rato la tele, a veces echo una siesta, pero vamos, normalmente no. Siempre hay algo que hacer en casa, lavar la ropa, planchar, coser …

arreglarse	*to get dressed*
Depende de lo que haga falta.	*It depends on what we need.*
rato (m)	*while, moment*
lavar la ropa	*to do the washing*
planchar	*to iron*
coser	*to sew*

Siempre hay algo que hacer en casa, lavar la ropa o planchar.

✳ Nota explicativa

Observe the use of **para** in: **para** preparar el desayuno **para** mi marido …, los chicos salen **para** el colegio …

Ejercicio de comprensión 3

Study the dialogue once more if necessary and then complete these phrases with the missing information.

(a) Me levanto a eso de la siete y media para …
(b) Los chicos salen para …
(c) Después me arreglo y salgo a …
(d) Luego vuelvo a casa para …
(e) Miro un rato la tele, a veces …, pero vamos, normalmente no.
(f) Siempre hay algo que hacer en casa …

🔑 Frases y expresiones importantes

Talking about daily activities and habits

Suelo levantarme sobre las siete.	*I usually get up at about seven.*
Me doy una ducha.	*I take a shower.*
Bebo un café.	*I have a coffee.*
No acostumbro (a) comer mucho.	*I don't usually eat much.*

Saying how often you do something

A veces (como) unas tostadas.	*Sometimes I eat some toast.*
Nunca me llaman por la mañana.	*They never call me in the morning.*
A menudo vienen amigos a casa.	*Friends often come home.*

Other ways of indicating frequency

por lo general	generally
de vez en cuando	from time to time
generalmente	generally
siempre	always
normalmente	normally
una vez, dos veces por semana	once, twice a week
usualmente	usually

Relating a sequence of events

Me doy una ducha y **luego** bebo un café.	*I take a shower and then I drink coffee.*
Primero consulto mi agenda ...	*First I look up in my diary ...*
... **seguidamente** planeo el día con mi secretaria.	*... then I plan the day with my secretary.*
Después me arreglo.	*Then I get dressed.*

Other ways of relating a sequence of events

en primer lugar	*in the first place*
primeramente	*firstly, first*
antes que nada	*first of all*
a continuación	*next, immediately after*
finalmente	*finally*
por último	*finally*

▣ Notas gramaticales

1 Using the present tense to describe routines

To refer to daily activities or habitual actions you normally use the present tense. When using the present tense remember that:

(a) Some verbs are highly irregular, for example **ir**.

Vamos al cine.   *We go to the cinema.*

(b) Some verbs are only irregular in the first person singular, for example **salir**.

Salgo de casa a eso de las 8.00.   *I leave the house at about 8.00.*

(c) Some verbs undergo a change in the stem (the main part of the verb without its ending), for example **venir**.

A menudo **vienen** amigos a casa. *Friends often come home.*

(d) Some verbs are reflexive (a reflexive verb is one that is normally indicated by **-se** added to the infinitive), for example **sentarse** (also stem-changing).

Me siento frente al ordenador.   *I sit in front of the computer.*

✳ Nota explicativa

Refer to your grammar book if you need to revise irregular, stem-changing and reflexive verbs.

2 Soler and the infinitive; acostumbrar (a) and the infinitive – to talk about habits and to express habitual actions

Soler translates into English as *to usually (do,* etc.) or *to be in the habit of.* In the present tense, this verb changes the '**-o**' of the stem into '**-ue**': s**ue**lo, s**ue**les, s**ue**le, solemos, soléis, s**ue**len.

¿Que **sueles** hacer por la noche? *What do you usually do at night?*
Suelo comer en el restaurante *I usually eat at the cafeteria in*
  de la empresa.   *the company.*

As an alternative to the above you may use **acostumbrar (a)** with the infinitive – a less frequent construction. Notice, however that **acostumbrar** is a regular verb.

Acostumbro (a) levantarme a las 7.00.	*I usually get up at 7.00.*
¿Qué **acostumbras (a)** hacer?	*What do you usually do?*

 Repaso

1 Complete this passage with the correct form of the verb in the present tense.

Me llamo Ricardo Aguirre, soy ingeniero y vivo en Bilbao. Trabajo en una fábrica de artículos electrodomésticos. Mis actividades habituales son las siguientes: normalmente (**despertarse**) a las 6.30 de la mañana, luego (**levantarse**) y (**ducharse**) y sobre las 7.30 (**desayunar**) con mi mujer y mis tres hijos. A las 8.30 (**salir**) de casa para ir a la fábrica. Por lo general (**ir**) en el coche, pero a veces (**coger**) el autobús. Al mediodía no (**volver**) a casa a comer, ya que normalmente yo (**almorzar**) con unos colegas en un restaurante cerca de la empresa. A las 7.00 (**marcharse**) a casa, pero de vez en cuando (**ir**) a un club deportivo donde (**jugar**) al tenis con algún amigo. Por la noche, después de cenar, a veces (**dar**) un paseo con mi mujer. Nunca (**acostarse**) antes de las 12.00.

2 Now relate Ricardo's daily routine referring to the previous passage. **Ricardo Aguirre es ingeniero y vive en Bilbao. Trabaja ...**

Actividades

1 Imagine a dialogue similar to the ones you have just studied between the same journalist and Carmen Olmo, a secretary. First, you'll need to prepare the questions. Use the familiar form.

(a) Ask her what time she leaves the house.
(b) Ask how she goes to work.
(c) Ask what time she arrives in the office.
(d) Ask what she does in the morning.

(e) Ask what time and where she normally has lunch.

(f) Ask what time she leaves the office.

(g) Ask what she normally does in the evening.

Now, the following information will help you with the answers.

Nombre: Carmen Olmo García
Profesión: Secretaria
Actividades diarias:

(i)   **8.30, salida de casa en dirección a la estación de metro**
        más cercana para ir a la oficina.

(ii)   **8.50–9.00, llegada a la oficina.**

(iii)   **Lo que suele hacer en el trabajo: abrir la**
        correspondencia, leerla y clasificarla; escribir las cartas
        que le dicta su jefe; recibir a los clientes de la empresa y
        fijar citas con el gerente; contestar el teléfono; asistir a
        reuniones ...

(iv)   **1.30, almuerzo con algunos compañeros de trabajo en el**
        bar de la esquina.

(v)   **7.00, salida de la oficina.**

(vi)   **Lo que acostumbra (a) hacer por la noche: cenar, ver la**
        televisión, escuchar música, dar un paseo con su novio.

Look up the notes under the sections **Frases y expresiones**
importantes and **Notas gramaticales** and try using some of the words
and constructions you've learnt. In the **Key to the exercises** you will
find a basic model dialogue which you may want to look up once you
have prepared your own version.

2 Read the passage on page 16 which tells you about the daily life of
   Miguel Ríos, a 24-year old postman from Chile. Then answer the
   questions which follow.

'Llevo cinco años trabajando en la Central Clasificadora de Correos, que es el centro postal más grande del país, por donde pasa el ochenta o el noventa por ciento de la correspondencia nacional ... Ahora soy operador postal del turno A de **pequeños paquetes** o **muestras** que va desde las 8.30 de la mañana hasta las 5.20 de la tarde.

Me levanto sin despertador, María Liliana, mi señora (con quien estoy casado desde noviembre), me prepara un té y tostadas con mantequilla ..., pero antes me baño, por supuesto ...

Vivo en el Paradero 9 de la Gran Avenida y camino cinco cuadras para tomar el metro, luego me bajo en la Alameda, a una cuadra de mi trabajo, que queda en Exposición ... Trabajo todo el día en recepción, clasificación y despacho de los **pequeños paquetes**. Al mediodía tengo mi colación de una hora ...'

(Revista del Domingo, Diario El Mercurio, Santiago de Chile)

pasar	to go through
turno (m)	shift
pequeño paquete (m)	small package
muestra (f)	sample
despertador (m)	alarm clock
caminar	to walk
cuadra (f)	block (Latin America)
bajarse	to get off
que queda en ...	which is in ...
colación (f)	light lunch (Chile)

(a) ¿Cuánto tiempo lleva Miguel trabajando en Correos?
(b) ¿A qué se dedica?
(c) ¿Qué toma al desayuno?
(d) ¿Cómo va al trabajo?
(e) ¿Qué hace durante el día?
(f) ¿Cuánto tiempo dura su almuerzo?

 3 ¡A escuchar!

Pilar ha encontrado trabajo: Here is a conversation between Pilar Araya, a teacher from Peru, and her friend Antonio. Listen to the conversation if you have the cassette or, alternatively, read the transcript on page 202 and use the text for reading comprehension. Look at the vocabulary and the questions first before you read or listen to the conversation. Only key words are given, as the idea is that you should try to get the gist of it rather than understand every single word. Don't be discouraged by unknown words, as you will probably be able to guess their meaning from the context. If you are using the cassette, you may want to look at the transcript of the conversation after you have heard it a few times, then listen again without looking at the text. Every unit of the book contains an exercise like this, which will help you to increase your comprehension of spoken Spanish and enlarge your passive vocabulary. All the transcripts are at the back of the book on pages 202–212.

reunión (f)	meeting
acompañar	to accompany
regalo (m)	present
cumpleaños (m)	birthday
¡chao!	(Latin America) Bye-bye! (familiar)

¿Verdadero o falso?

(a) Pilar trabaja como profesora.
(b) Trabaja seis horas diarias.
(c) Empieza a trabajar a las 7.15.
(d) Por la tarde no hace nada.
(e) Los sábados no trabaja.

4 Study this passage about the daily activities of Martín López Zubero, a Spanish swimmer who lives in the United States. Then answer the questions which follow.

Martín López Zubero se levanta todos los días a las 6 am. y toma una ducha. Media hora después se zambulle en la piscina, donde entrena hasta las 8,30. A esa hora vuelve a casa y, antes de desayunar un yogur con frutas, se remoja de nuevo con agua caliente y jabón. Va a clase a la Universidad y hacia las 15,00 regresa a consumir un almuerzo frugal. A lo mejor se da otra ducha antes de vestir de nuevo el traje de baño y nadar durante las tres horas siguientes. A las 18,00 deja la piscina, se aplica una ducha más y se dedica a estudiar. Cena algo ligero, ve televisión y al llegar las 23,00 ya duerme ...

(Revista Gente Nº 126, de Diario 16, Madrid, España)

(a) What words and phrases have been used in the dialogue to express the following?

(i)   Cada día, diariamente.
(ii)   Se ducha.
(iii) Más tarde.
(iv)   Otra vez.
(v)   A eso de, alrededor de, sobre.
(vi)   Quizá.
(vii) Ponerse (*clothes*).

(b)   Answer the following questions in English.

(i)   What does Martin do after his morning shower?
(ii)   What does he do after breakfast?
(iii) What does he do at 3 pm?
(iv)   What does he do at 6 pm?

Consolidación

1 Imagine you are writing a letter to a Spanish correspondent. Use as a model the introductory dialogues and the passages in the section **Actividades** and write between 80 and 100 words about your work and/or studies and your daily routine. In the **Key to the exercises** you will find a basic model passage which you may want to look at once you have prepared your own version. Here are some words and phrases you may need:

salir de casa	to leave the house
coger/tomar (el autobús/el metro)	to take the bus/the underground
llegar a	*to arrive in*
almorzar/comer	to have lunch
volver (a casa)	to return(home)
cenar	to have dinner
ver (la televisión)	to watch (television)
escuchar (música)	to listen to (music)
leer (el periódico)	to read (the newspaper)
salir de paseo	to go out for a walk

2 In a job application form, Raquel wrote about some of her duties.

Complete her job description by matching each phrase on the left with an appropriate phrase on the right.

(a)	Voy a buscar a los pasajeros	1	sobre excursiones y paseos
(b)	Traslado a los recién llegados	2	su visita
(c)	Les doy información	3	al aeropuerto
(d)	Trato de solucionar	4	dos veces por semana
(e)	Visito a los viajeros	5	algunos de sus problemas
(f)	Intento hacer más grata	6	hasta sus hoteles

¿A qué se dedica Raquel?
Es azafata.
Es recepcionista en un hotel.
Es guía de turismo.

2 | TIEMPO DE OCIO

Objetivos

- Make invitations
- Make suggestions
- State preferences
- Express likes and dislikes

Tema

Unit 2 focuses on leisure activities and on how people like, or prefer, to spend their spare time. Through the dialogues and exercises in this unit you will learn to talk and write about your own interests and to use the language for social interaction, such as giving invitations or suggesting activities involving other people.

Diálogos

1 ¿Qué te parece?

Pablo Dávila y Ana Ramírez se han conocido durante las vacaciones. En el bar del hotel hablan de cine.

Pablo ¿Has visto la última película de Almodóvar?

Ana No, aún no la he visto. Me han dicho que es muy buena. Me gustaría verla. ¿Tú la has visto?

Pablo No, tampoco. La ponen en el cine Real en Málaga. ¿Qué te parece si vamos a verla esta noche? Podemos regresar aquí en el último tren.

Ana Mira, la verdad es que hoy estoy muy cansada. Prefiero ir mañana. ¿Qué te parece?

Pablo	De acuerdo. Debe de haber una sesión a las seis y media o siete. Lo veré en el periódico.
Ana	¿Te gusta mucho el cine?
Pablo	Bueno, sí, bastante. Suelo ir casi todas las semanas.
Ana	A mí también me gusta, pero no voy muy a menudo. Los fines de semana prefiero salir fuera de Madrid.
Pablo	¿Adónde vas?
Ana	Normalmente a la sierra. Mis padres tienen una casa en San Rafael, pero no van mucho por allí. Yo sí. Suelo irme en el coche el viernes por la tarde y no regreso hasta el domingo por la noche. Es un lugar muy bonito y muy tranquilo y la casa tiene una vista espectacular. Tendrás que venir a verme algún día.
Pablo	Gracias. Me gustaría mucho.
Ana	¡Qué calor hace!
Pablo	Sí, mucho. Yo voy a bajar a la playa. ¿Quieres venir conmigo?
Ana	Vale, vamos.

poner	*to show (a film)*
¿Qué te parece si ...?	*What about ...?*
Debe de haber una sesión.	*There must be a show.*
sierra (f)	*mountain*

✳ Notas explicativas

(a) Almodóvar. Pedro Almodóvar is a well-known Spanish film director. Among his films are *Matador*, *Mujeres al borde de un ataque de nervios*.

(b) ¿**Has visto** la última película?   *Have you seen the latest film ...?*
Me **han dicho** que es muy buena.   *I've been told it's very good.*

Notice the use of the perfect tense in both sentences. **Visto** (seen) and **dicho** (told, said) are the irregular past participles of **ver** (to see) and **decir** (to tell, say) respectively. For more information on the perfect tense see Unit 8.

Ejercicio de comprensión 1

Each of the following sentences contains wrong information. Read or listen to the conversation again and try to correct them.

(a) Ana ha visto la última película de Almodóvar y le gustaría verla otra vez.
(b) Ella y Pablo deciden ir al cine esa misma noche.
(c) Ana acostumbra ir al cine todos los fines de semana.
(d) Ana se va a la sierra el domingo por la noche y no regresa hasta el viernes por la tarde.

 ## 2 Tiempo de ocio

En unas entrevistas realizadas por una radio española, tres personas hablan sobre su tiempo libre. El primer entrevistado, José, es un sudamericano que vive en España.

Presentador   Buenas tardes. En nuestro programa de hoy nos referiremos al tema del ocio. ¿Qué hacen y cómo pasan su tiempo libre algunos de los habitantes de nuestra ciudad? En un mundo dominado por la televisión y por la imagen, en general, hay quienes dedican sus ratos de ocio a otras actividades. Nuestro primer entrevistado es José Ibáñez, de 23 años. José, ¿qué haces en tus ratos de ocio?

José   Pues, normalmente practico deportes, principalmente fútbol, aunque también me gusta la natación. Tengo la suerte de vivir en un barrio donde hay un excelente polideportivo y eso ha incentivado mucho la práctica de los deportes. Antes de que se construyera el polideportivo sólo teníamos el campo de fútbol y si quería ir a la piscina tenía que ir a otro barrio. Tardaba por lo menos media hora en ir allí, por lo que no lo hacía muy a menudo. Ahora sí, practico con regularidad.

Presentador   Gracias José. Y ahora tenemos con nosotros a Antonia Rodríguez, de 35 años. Antonia, ¿a qué te dedicas en tu tiempo libre?

Antonia   Pues, tiempo libre tengo poquísimo, pues trabajo y además estoy casada y tengo dos hijos muy pequeños, pero, vamos, cuando disponemos de algún tiempo, mi marido y yo cogemos el coche y nos vamos con los chicos de paseo, pero eso no suele ocurrir muy a menudo. En verano sí, lo hacemos con más frecuencia. A veces nos vamos de camping. Hay un lugar muy bonito a pocos kilómetros de aquí que nos gusta mucho. Allí se está muy bien.

Presentador Antonia, muchas gracias por estar con nosotros. Nuestro próximo invitado es Manuel Araya, de 55 años. Manuel, ¿qué prefiere hacer usted en sus ratos de ocio?

Manuel Pues, yo soy un gran aficionado a la pintura, aunque mi trabajo habitual no tiene nada que ver con esto. Pero es una actividad que siempre me ha gustado y que he venido desarrollando desde que era muy joven. Cuando hay alguna exposición importante, nunca dejo de ir. Desgraciadamente, aquí la vida cultural es muy limitada y es poco lo que se puede aprender. Pero cuando voy a Madrid, voy siempre a algún museo. Prefiero el Museo del Prado, es el que más me gusta.

Presentador Muchas gracias, Manuel, por haber venido.

ratos de ocio (m pl)	*leisure time*
natación (f)	*swimming*
tener la suerte de ...	*to be lucky enough to ...*
polideportivo (m)	*sports centre*
poquísimo	*very little*
disponer de tiempo	*to have time*
paseo (m)	*drive, ride (in a car)*
Allí se está muy bien.	*It does us good to be there.*
No tiene nada que ver con ...	*It has nothing to do with ...*
por haber venido	*for coming (Lit. for having come)*

✳ Nota explicativa

Notice the use of the imperfect tense in:

Si **quería** ir a la piscina.	*If I wanted to go to the swimming pool.*
Tenía que ir a otro barrio.	*I had to go to another district.*
Tardaba por lo menos ...	*It used to take me at least ...*
No lo **hacía** muy a menudo.	*I didn't do it very often.*

For the formation and other uses of the imperfect tense see Unit 5.

Ejercicio de comprensión 2

Answer the following questions in Spanish.

(a) José Ibáñez nadaba menos antes que ahora. ¿Por qué?

(b) ¿Por qué no dispone de mucho tiempo libre Antonia Rodríguez?

(c) ¿Qué hacen ella y su marido cuando están libres?

(d) ¿Qué le gusta hacer a Manuel Araya en sus ratos de ocio?

🔑 Frases y expresiones importantes

Making invitations and responding to an invitation

Tendrás que venir a verme algún día. (informal)	*You'll have to come and see me some day.*
Gracias. Me gustaría mucho. (formal/informal)	*Thank you. I'd like to very much.*
¿Quieres venir conmigo? (very informal)	*Do you want to come with me?*
Vale. (very informal)	*OK.*

Other ways of making invitations

¿Por qué no viene/vienes a verme algún día? (formal/informal)   Why don't you come and see me some day?

Ven/venga a verme algún día. (informal/formal)   Come and see me some day.

Me gustaría invitarlo(a) a ... (very formal)   I'd like to invite you to ...

Making suggestions

¿Qué te parece si vamos a verla ...? (informal)	*What about going to see it ...?* or *What if we go and see it ...?*
Podemos regresar aquí ...	*We can return here ...*

Other ways of making suggestions

¿Qué le/te parece si ...? (formal/informal)   What about ...?

¿Por qué no ...? (formal/informal)   Why don't you/we ...?

Le/te sugiero que (followed by the present subjunctive, e.g. vaya/s, formal/informal).   I suggest you (go).

Stating preferences

¿Que prefiere hacer Vd.?   *What do you prefer to do?*
Prefiero ir mañana.   *I prefer to go tomorrow.*
Prefiero el Museo del Prado.   *I prefer the Prado Museum.*

Expressing likes and dislikes

¿Te gusta el cine?   *Do you like going to the cinema?*
A mí también me gusta.   *I like it too.*
No me gusta.   *I don't like it.*

Notas gramaticales

1 Gustar (to like)

Remember that **gustar** is normally used in the third person singular or plural, and it may be followed by a noun (e.g. el museo, *the museum*) or an infinitive (e.g. ir al cine, *to go to the cinema*). In this construction, **gustar** is preceded by an indirect object pronoun:

me	gusta(n)	*I like it (them)*
te	gusta(n)	*you like it (them)* (familiar)
le	gusta(n)	*he or she likes it (them)*
		you like it (them)
nos	gusta(n)	*we like it (them)*
os	gusta(n)	*you like it (them)* (familiar)
les	gusta(n)	*they or you like it (them)*

For emphasis or to avoid ambiguity, as in **le gusta** (*he or she likes it or you like it*), use the following set of pronouns preceded by the preposition **a**:

a mí, a ti, a él, a ella, a usted, a nosotros/as, a vosotros/as, a ellos, a ellas, a ustedes.

Examples:

A él le gusta el cine.   *He likes going to the cinema.*
A mí también me gusta.   *I like it too.*
¿**A Vd.** le gusta?   *Do you like it?*
A mí no.   *I don't (like it).*

✳ Nota explicativa

Negative sentences are formed by placing **no** before the indirect object pronoun.

No me gustan.	*I don't like them.*
A ella **no** le gustan.	*She doesn't like them.*

2 Parecer (to seem, think)

Parecer is normally used in a construction similar to that of **gustar**.

¿Qué te parece si …?	*What do you think if …?*
Me parece bien.	*It seems all right (to me).*

✔ Repaso

Complete each blank space in this dialogue with *one* word only.

Luisa	¿Qué haces en tu tiempo libre?
Juan Carlos	_____ gusta ver la televisión.
Luisa	¿Qué tipos de programas te _____?
Juan Carlos	_____ los programas deportivos, aunque también me _____ ver películas. ¿Y a _____, qué _____ gusta hacer?
Luisa	Me _____ los deportes, la televisión _____ me gusta nada.
Juan Carlos	¿Que deportes _____?
Luisa	La natación, es lo que _____ me gusta.
Juan Carlos	_____ mí también. ¿Qué _____ parece si vamos a la piscina esta tarde?
Luisa	_____ parece una excelente idea.

✔ Actividades

1 Study this dialogue between two friends.

José	¿Qué te parece si vamos al cine?
Elena	Vale, vamos. ¿Qué película te gustaría ver?
José	Podemos ver *Depredador*. ¿Qué te parece?

Elena Bueno, la verdad es que ese tipo de película no me gusta nada. Yo prefiero ver *Las cosas del querer*. ¿Te parece bien?

José De acuerdo. ¿Dónde la ponen?

Elena En el cine Biógrafo. ¿A qué sesión prefieres ir? Hay una a las 7.00 y otra a las 9.00.

José Prefiero ir a la de las 9.00.

Now make up a similar dialogue using the information in this advertisement.

(*Guía del Ocio*, Madrid)

pase (m) or **sesión** (f)	*show (cinema)*
V.O. (versión original)	*not dubbed*

2 Imagine you are being interviewed on Spanish television. The presenter wants to know about your leisure activities.

Presentador ¿A qué se dedica usted en su tiempo libre?

Entrevistado(a) *Say you have very little time. You work in an office from 9.00 to 5.00 and you are married and have* *three children. But when you can, you like to work in the garden and you also like to read. Now you are reading a novel by García Márquez, which you like very much. Ah, you are also studying Spanish, of course. You like Spanish a lot.*

Presentador	¿Y en sus vacaciones viene Vd. normalmente a España?
Entrevistado(a)	*Not always. Although you like Spain very much, it is an expensive country now, so you prefer to go somewhere cheaper.*
Presentador	Bueno, nuestro programa tiene una invitación especial para usted. Dos semanas de vacaciones para dos personas en el hotel y lugar de su elección.
Entrevistado(a)	*Wonderful! Thank you very much.*

3 You and your travelling companion decide to stay in your hotel room and watch television. Your friend is busy at the moment, so can you tell him/her:

(a) What sort of films are on?
(b) What they are about?

23.⁰⁰ **LA VIEJA MEMORIA**
La 2   ★★★

Documental. Esp. 1977. 2h. 45m.
Director: Jaime Camino.

Un eficaz documental en donde, a través de entrevistas y una buena labor de montaje, el director Jaime Camino profundiza en los antecedentes de la Guerra Civil española y en los sucesos ocurridos en Cataluña durante la República. Pese a resultar excesivamente larga, la película se sigue bastante bien. Una lección de historia a no olvidar.

03.⁰⁵ **A MÍ NO ME MIRE USTED**
La 2   ★★★

Comedia. Esp. 1941. 1 h. 19 m.
Director: J. L. Sáenz de Heredia.
Intérpretes: Valeriano León, Manuel Arbó y Rosita Yarza.

Una de las cintas más atípicas de Saenz de Heredia en torno a un maestro rural que utiliza sus poderes hipnóticos para imponer orden en su clase. Una comedia con ribetes casi surrealistas.

(Guía del Ocio, Madrid)

antecedentes (m pl)	*background*
suceso (m)	*event*
cinta (f)	*film*
en torno a	*about*
maestro/a (m/f)	*teacher*
ribetes (m pl)	*elements*

4 A Spanish-speaking friend has written to you announcing that he/she will be passing through your home town. Write a postcard to your friend inviting him/her to stay with you for a few days. Here's what you want to say:

(a) Say you have received his/her letter and that you are glad he/she is coming to your home town.

(b) Say you are sure he/she will like it very much.

(c) Invite him/her to stay at your house for a few days.

(d) Suggest he/she phones you to confirm his/her arrival.

Palabras y frases útiles

recibir	*to receive*
alegrarse (de que ...	*to be glad (that ...)*
with the subjunctive)	
estar seguro(a)	*to be sure*
unos días (m pl)	*a few days*
telefonear or **llamar por teléfono**	*to telephone*
confirmar	*to confirm*
llegada (f)	*arrival*

---

 5 ¡A escuchar!

Una exposición: The text reproduced in this exercise is a commentary from *Radio Nacional de España* about a Picasso exhibition which took place in Madrid. Listen to the commentary if you have the cassette or, alternatively, look at the transcript on page 203 and use the text for reading comprehension. If you are using the cassette, the recording will probably sound a bit fast to you at first, but radio announcers and television presenters in Spain tend to speak like this. Don't be discouraged by it. First, look at the vocabulary and the questions on page 30, then listen to the announcement a few times before you attempt to answer the questions. If you still have difficulty, look at the transcript of the text and read it through until you are sure you can understand it. Remember you don't need to understand every single word. If you do not have the cassette, read the transcript two or three times and then answer the questions.

cola (f)	queue
obra (f)	work of art
pertenecientes a	belonging to
viuda (f)	widow
suicidarse	to commit suicide
muestra (f)	exhibition
acudir	to go, attend
por encima de	above
despertar	to wake up

Answer the following questions in English.

(a) (i) When did the exhibition take place and where?
    (ii) How many of Picasso's works were shown?
    (iii) Who owned the paintings?
    (iv) What happened to Jacqueline Roque?

(b) The second exercise includes another authentic piece from Spanish radio. This time the announcers refer to a series of cultural activities related to Spain which took place in the United States. Once again, go through the passage as suggested above, looking at the vocabulary first, then do the comprehension exercise below. You'll find the transcript on page 203.

estadounidense	from the United States
Se ha visto aumentada.	It has increased.
estrenarse	to open (theatre, opera, etc.)
aragonés	from Aragon in Spain
acontecimiento (m)	event
asistir	to attend
compositor (m)	composer
afamado	famous
En concreto.	To be exact.

Proper names mentioned in the announcement are as follows:
Francisco de Goya, la Reina doña Sofía, Gian Carlo Menotti, Plácido Domingo.

Complete these phrases with information from the text.

(a) Dos de las ciudades donde se realizaron estos actos culturales: _____

(b) Ejemplos de actividades culturales realizadas: _____
(c) Actividad cultural que tuvo lugar en noviembre: _____
(d) Obra basada en la vida de _____
(e) A este acto asistió _____
(f) La obra fue interpretada en su papel principal por _____

6 Leisure activities and sports sometimes can be a nuisance to others as the person who wrote this letter to the Spanish newspaper *La Vanguardia* seems to think. What does she complain about? Read it through and then answer the questions.

¿QUÉ HE HECHO YO PARA MERECER ESTO?

Creía que era una ciudadana normal. Es decir, alguien que paga impuestos, trabaja y, por lo tanto, tiene derecho al descanso cuando llega a su casa ... Pues no. Los vecinos de la Avenida de Madrid, los que habitamos sobre la Escuela Barcelona, podemos empezar a vivir a partir de las 10 de la noche. Mientras tanto, es imposible leer, oír música o, simplemente, charlar. Durante el día, de 9 a 5, los alumnos de la escuela juegan en el patio. Es lo normal, pero lo que no puedo entender es que tengamos que soportar ruidos y gritos también por la tarde (los sábados sesión continua de 4 a 10), una vez se acaban las clases, debido a las actividades deportivas que el Ayuntamiento organiza y que se prolongan hasta las 10 de la noche. Lo curioso es que otras zonas deportivas de colegios e institutos de la zona permanecen desocupadas.

¿Nos pondrá el Ayuntamiento de Les Corts doble vidrio en las ventanas? ¿Nos eximirán de impuestos por ser forzados contribuyentes al deporte? ¿Por fin nos dirán que nos aguantemos, ya que somos ciudadanos de cuarta categoría (por lo menos)?

ANGELES RODRÍGUEZ MARTÍN Barcelona.
Diario La Vanguardia, Barcelona, España

impuesto (m)	*tax*
por lo tanto	*therefore*
tener derecho a	*to have a right to*
mientras tanto	*in the meantime*
soportar	*to stand, bear*
ruido (m)	*noise*
grito (m)	*shout*
acabarse	*to finish*
ayuntamiento (m)	*town hall*
permanecer	*to remain*
Les Corts	*the Catalonian Parliament*
doble vidrio (m)	*double glazing*
aguantarse	*to resign oneself*

¿Verdadero o falso?

(a) Angeles Rodríguez trabaja en la Escuela Barcelona.

(b) Sólo puede leer, oír música y charlar hasta las 10.

(c) Las clases en la escuela van de 9 a 5.

(d) Los sábados de 4 a 10 no hay ruido.

(e) Las actividades deportivas organizadas por el Ayuntamiento terminan a las 10.

(f) En la zona no existen otros lugares para las actividades deportivas.

Consolidación

1 Cristina is looking for a correspondent. Read this letter and find out about her interests.

Me llamo Cristina, tengo 18 años y vivo en Alicante. Estoy estudiando inglés y me gustaría mantener correspondencia con personas de habla inglesa, de preferencia alguien que tenga intereses similares a los míos, no importa la edad. Me gusta mucho la música, tanto la pop como la clásica. También me gustan los deportes, especialmente el tenis. Si te interesa escribirme puedes hacerlo al Apartado 341 de Alicante. *Cristina.*

Now write a similar letter saying what sort of person you would like to meet and what your main interests are.

2 You are writing a letter to a Spanish-speaking correspondent who wants to know about your hobbies and interests. Write about 100–150 words saying what you normally do in your spare time and the sort of leisure activities you like. You will find a model letter in the **Key to the exercises**, which you may compare with your own version.

Palabras y frases útiles

Los fines de semana generalmente ...	*At the weekends I usually ...*
Durante las vacaciones normalmente ...	*During the holidays I normally ...*
En mi tiempo libre, por lo general ...	*In my spare time I usually ...*
Me gusta/prefiero escuchar música.	*I like/prefer to listen to music.*
leer	*to read*
ver la televisión	*to watch television*
salir de paseo	*to go for a walk*
hacer deportes (nadar, jugar al tenis/al fútbol)	*to do sports (swim, play tennis/football)*
tomar una copa con los amigos	*to go for a drink with friends*
salir de compras	*to go shopping*
jugar al ajedrez	*to play chess*

3 | ¡A TRABAJAR!

Objetivos

- Describe your job
- Discuss working conditions
- Say what you like or dislike about your job
- Refer to events which began in the past and which are still in progress

Tema

The main subject of Unit 3 is work. You will learn to talk about your own and other people's jobs, to understand job advertisements and to give simple information about your work experience. As in previous units, you will find some authentic material on the subject, which will help you to increase your passive vocabulary and your capacity to communicate in Spanish.

Diálogos

 1 Hablando de trabajo

En un vuelo hacia un país de habla española, dos extraños hablan sobre su trabajo.

Señor   ¿Adónde va usted?

Señora Voy a Lima. ¿Y usted?

Señor   Yo voy a Santiago de Chile.

Señora	¿Va de vacaciones?
Señor	No, voy por negocios. Soy representante de una empresa de maquinaria agrícola. ¿Y usted va de vacaciones?
Señora	No, yo también voy por razones de trabajo, aunque también me tomaré unos días de vacaciones. Pero, principalmente voy de compras. Tengo una tienda de artesanía y en Perú compramos muchos de los artículos que vendemos. También en México. Tienen una artesanía maravillosa.
Señor	Vd. es peruana, ¿verdad?
Señora	Sí, soy peruana, pero vivo en España desde hace muchos años. ¿Y usted ha estado antes en Sudamérica?
Señor	Solamente en Venezuela y en Colombia. Conozco muy bien Venezuela. Trabajé dos años allí en una empresa de petróleo ...
Señora	Le gusta viajar, supongo.
Señor	Bueno sí, es una de las cosas que más me gusta de mi trabajo. Viajo constantemente.
Señora	A mí me encanta viajar, pero no lo hago muy a menudo. Ésta es una excepción. Normalmente las compras las hace mi socio, pero esta vez me ha tocado a mí. Además, necesitaba un descanso.
Señor	¿Cuánto tiempo va a quedarse en Perú?
Señora	Dos semanas solamente. Dedicaré una semana a mis compras y luego me iré por una semana a Arequipa a visitar a mis padres.

Voy por negocios.	I am going on business.
maquinaria agrícola (f)	agricultural machinery
artesanía (f)	handicrafts
suponer	to suppose
socio (m)	partner
esta vez (f)	this time
tocar	to be one's turn
colega (m/f)	colleague

✳ **Notas explicativas**

Me ha tocado a mí.	*It has been my turn.*

Notice the indirect object pronoun **me** in this sentence. Likewise:

Le ha tocado a él or **a ella, a usted.**	*It has been his, her, your turn.*
Nos toca a nosotros.	*It is our turn.*

Note also **¿A quién le toca?** *Whose turn is it?*

Ejercicio de comprensión 1

Summarise briefly in English all the information given by the man about the purpose of his trip and his work. Then write another summary with the information given by the woman.

▦ **2 ¿En qué trabajas?**

Mercedes y Paloma acaban de conocerse en casa de un amigo común. Las dos chicas hablan sobre sus actividades.

Mercedes   ¿En qué trabajas tú?

Paloma   Trabajo en la oficina de turismo.

Mercedes   ¡Qué bien! Es un trabajo interesante, ¿no?

Paloma   Pues sí, lo que pasa es que llevo mucho tiempo allí y estoy un poco aburrida. Pero, vamos, tampoco me puedo quejar. El sueldo no está nada mal y tengo un mes de vacaciones al año.

Mercedes   ¿Cuánto tiempo hace que trabajas allí?

Paloma   Casi cinco años. Al principio me gustaba mucho, especialmente el contacto con el público. Eso era lo que más me gustaba, pero luego te das cuenta de que el trato es más bien impersonal y estás repitiendo casi siempre lo mismo ..., que dónde está esto, dónde está lo otro, que si tiene usted un mapa, y cosas por el estilo ... Bueno, ¿y tú qué haces?

Mercedes   Soy profesora. Enseño español a extranjeros en un instituto de idiomas.

Paloma   ¿Y qué tal? ¿Te gusta?

Mercedes   Pues, enseñar sí me gusta, lo que no me gusta es el sueldo. Nos pagan muy poco.

Paloma	¿Por qué no pides un aumento?
Mercedes	¡Vamos, que la cosa no es tan fácil!
Paloma	¿Cuánto tiempo llevas trabajando allí?
Mercedes	Un año solamente, pero espero cambiarme pronto.
Paloma	Bueno, ¡que tengas suerte!
Mercedes	Gracias, tú también.

aburrido(a)	bored
quejarse	to complain
al principio (m)	at the beginning
darse cuenta	to realise
trato (m)	relationship
cosas por el estilo	things like that
enseñar	to teach
extranjero (m)	foreigner
aumento (m)	increase
¡Que tengas suerte!	I hope you are lucky!

Notas explicativas

| **Llevo mucho tiempo allí.** | *I have been there for a long time.* |
| **¿Cuánto tiempo hace que trabajas allí?** | *How long have you been working there?* |

Notice here the use of **llevar** and **hacer** with expressions of time, to refer to actions which began in the past and which are still in progress. For more information on these constructions see the sections **Frases y expresiones importantes** and **Notas gramaticales**.

Ejercicio de comprensión 2

Answer the following questions in Spanish.

(a) ¿Qué siente Paloma en relación con su trabajo?
(b) ¿Qué dice sobre su sueldo?
(c) ¿Cuánto tiempo hace que trabaja en el mismo lugar?
(d) ¿Qué es lo que más le gustaba cuando empezó a trabajar?
(e) ¿A qué se dedica Mercedes?
(f) ¿Le gusta su trabajo? ¿Y el sueldo?

🔑 Frases y expresiones importantes

Describing your job

Tengo una tienda de artesanía.	*I have/own a handicraft shop.*
Soy profesora.	*I am a teacher.*
Trabajo en la oficina de turismo.	*I work in the tourist office.*

Discussing working conditions

El sueldo no está nada mal.	*The salary is not bad at all.*
Tengo un mes de vacaciones al año.	*I have a month's holiday a year.*

Saying what you like or dislike about your job

Es una de las cosas que más me gusta de mi trabajo.	*It is one of the things I like most about my job.*
Me gusta enseñar.	*I like teaching.*

Referring to events which began in the past and which are still in progress

¿Cuánto tiempo llevas trabajando allí?	*How long have you been working there?*
¿Cuánto tiempo hace que trabajas allí?	*How long have you been working there?*
Llevo mucho tiempo allí.	*I have been there for a long time.*

🎵 Notas gramaticales

1 Llevar followed by the gerund

This construction is used to refer to events which began at some point in the past but which are still now in progress. Consider again the sentences in **Diálogo 2** and these further examples.

¿Cuánto tiempo **llevas viviendo** en este piso?	*How long have you been living in this flat?*
Llevo dos años **viviendo** aquí.	*I have been living here for two years.*
¿**Lleváis** mucho tiempo **trabajando** juntos?	*Have you been working together for a long time?*
Llevamos seis meses **trabajando** juntos.	*We have been working together for six months.*

If the context makes it clear, as with **vivir** and **trabajar**, the gerund **viviendo**, **trabajando** may be omitted. For example:

¿Cuánto tiempo **llevas** en Barcelona?	*How long have you been (living) in Barcelona?*
Él **lleva** cinco años en esta empresa.	*He has been (working) in this company for five years.*

Llevar may also be used in the imperfect tense to refer to an action which began in the past and which continued until some point in the past. For example:

María **llevaba** diez años (**trabajando**) en esa firma cuando cerró.	*Maria had been (working) in that firm for ten years when it closed.*

❋ Nota explicativa

To form the gerund add **-ando** to the stem of **-ar** verbs and **-iendo** to that of **-er** and **-ir** verbs. e.g. trabajar, trabajando, vivir, viviendo.

2 Hace and a time phrase followed by que and the present tense

An alternative to the construction above is this one with **hace** in the third person. Consider again the example in **Diálogo 2** and then these further examples:

¿Cuánto tiempo **hace que vives** en España?	*How long have you been living in Spain?*
Hace un año **que vivo** en España.	*I have been living in Spain for a year.*
or	
Vivo en España **desde hace** un año.	*I have been living in Spain for a year.*

Notice also the use of **hacer** in the imperfect tense:

Hacía tres años que yo no la **veía**.	*I hadn't seen her for three years.*

Compare this sentence with:

Hace tres años que yo no la **veo**.	*I have not seen her for three years.*

☑ Repaso

1 How would you ask Antonio how long he has been doing each of the
following and how would he reply? Use the construction with **llevar**
with an appropriate verb: jugar, hacer yoga, estudiar, tocar, vivir,
trabajar.

a — Tres años

b Dos años y medio

c Cinco años

d Cuatros años

e Seis meses

f Tres semanas

2 Can you now say how long Antonio has been doing each of these
activities? This time use the alternative construction with **hace** + time
phrase.

☑ Actividades

1 Complete the blanks in this passage with the appropriate words.

Me llamo Martín Iglesias, _____ hace cuatro años trabajo _____
administrativo en una agencia _____ empleos. Es mi primer _____
y estoy bastante contento con _____, ya que tengo la _____ de
relacionarme con mucha gente _____, especialmente gente joven que
_____ trabajo por primera vez. Eso es _____ que más me gusta.

Mi _____ de trabajo no está mal, pues _____ a las 9.00 de _____
mañana y termino a las 6.00. Los sábados _____ tengo libres. Mis
vacaciones _____ de tres semanas.

Mi _____ no es muy bueno, ya que ahora sólo _____ 80.000 pesetas al mes, pero _____ que a comienzos del año que _____ me den un aumento.

Lo único que no me _____ de mi trabajo es que tengo que viajar mucho, pues _____ bastante lejos del barrio _____ vivo, pero en el futuro espero _____ a un lugar más cercano.

2 On a flight to Spain you spotted the following job advertisement in *El Independiente*, a Spanish newspaper.

CONTABLE

(3.5–4.000.00 bruto/año) Ref: C.O. Indep

Se requiere:
– Titulación a nivel de Licenciado en CC Económicas-Empresariales.
– Buenos conocimientos de control presupuestario, inglés e informática a nivel de usuario.

ADMINISTRATIVO / INGLÉS

(3–3.500.000 bruto/año) Ref: A.I. Indep

Se precisa:
– Dominio del idioma inglés oral y escrito.
– Experiencia mínima de dos años, preferiblemente en empresa de actividad técnica.

SECRETARIA BILINGÜE

(2.500.000 bruto/año) Ref: S.B. Indp.

Se requiere:
– Dominio del idioma inglés.
– Titulación a nivel de FP-II o BUP
– Se valorará experiencia en el desempeño de un puesto similar.

En todos los casos se ofrece incorporación a prestigiosa compañía, con posibilidades reales de promoción y desarrollo profesional.
Interesados, enviar currículum vitae a PSICOTEC, S.A., calle de Ortense, 9,1 derecha. 28020 Madrid, indicando en sobre y carta la referencia del puesto solicitado.

O.P. (obras públicas) (f pl)	public works
titulación (f)	degree
Licenciado en CC. (Ciencias) Económicas–Empresariales	graduate in economics–business administration
presupuestario	budget (adjective)
FP (Formación Profesional)	vocational training
BUP (Bachillerato Unificado Polivalente)	secondary education
valorar	to take into consideration
desempeño (m)	performance

(a) What degree do you need to apply for the first job?
(b) What are other requirements for the same post?
(c) What are the requirements for the post of **Administrativo/Inglés**?
(d) What salary are they offering for the secretarial job?
(e) What are the basic requirements for this post?

3 You will be spending six months at a language school in Spain and you
   wish to do some part-time work to earn some money and have contact
   with Spanish people. Two job advertisements in the newspaper
   El Independiente attract your attention.

PERSONA MAYOR **DE 23 AÑOS** **10.000 PTAS. DIARIAS** **SUPERABLES** **EMPRESA MULTINACIONAL** **EN PLENA EXPANSIÓN** LLAMAR DE 9.00 A 14.00 HORAS Y DE 16.00 A 19.30 HORAS. **TELS.: 471 14 00 y 462 79 00** *PREGUNTAR POR LA SRTA. TOÑI*	**¡¡OPORTUNIDAD ÚNICA!!** **PERSONAS MAYORES** **DE 23 AÑOS** EMPRESA LÍDER OFRECE TRABAJO 3 HORAS DIARIAS – FORMACIÓN A NUESTRO CARGO – 200.000 PTAS. MES SUPERABLES **TELEF.: 361 25 88**

You decide to telephone to get more information on the jobs. Here is
your first telephone conversation:

Telefonista Hispánica, buenos días. ¿Dígame?

Tú *Good morning. Say you are calling about the
advertisement in the newspaper* El Independiente *and
that you would like to speak to señorita Toñi.*

Telefonista Un momento, por favor. No cuelgue. (pausa) ¿Oiga?

Tú *Yes?*

Telefonista La extensión de la señorita Toñi está comunicando.
¿Quiere Vd. esperar?

Tú *It's all right. You'll wait.* (pausa)

Telefonista ¿Oiga? Le pongo con la señorita Toñi.

Srta. Toñi ¿Sí, dígame?

Tú	*Say good morning, give your name and say you have seen the advertisement in the newspaper* El Independiente *and that you would like to have more information about the job.*
Srta. Toñi	Bueno, se trata de una editorial y necesitamos vendedores a domicilio para ofrecer nuestra nueva enciclopedia. ¿Tiene Vd. experiencia en este tipo de trabajo?
Tú	*Yes, you worked as a salesman/woman for a time although you have never sold books. But you are willing to learn. You are living in Spain now (don't say it's only for six months) and you need to earn some money and this is the sort of job you are looking for. You are very interested in it.*
Srta. Toñi	Bueno, nosotros daremos entrenamiento al personal que seleccionemos. Si Vd. quiere le puedo enviar un folleto informativo sobre la empresa, nuestros productos y las condiciones de trabajo. Le incluiremos, además, una solicitud, y si a Vd. le interesa el puesto puede rellenarla y enviarla con una fotografía reciente. Me da su nombre y dirección, por favor.
Tú	*Give your name and address.*

anuncio (m)	*advertisement*
No cuelgue.	*Don't hang up.*
Le pongo con ...	*I'll put you through to ...*
vendedor(a) a domicilio	*door to door salesman(woman)*
estar dispuesto a	*to be willing to*
entrenamiento (m)	*training*
solicitud (f)	*application form*
rellenar	*to fill in*
Está comunicando.	*It is engaged.*

4 Roberto Urrutia from Chile needed a letter from his boss to get a loan. This is part of the letter written by Roberto's boss to the company that requested the references.

García y Cía.
Calle Miraflores 546, Santiago, Chile

Señora Carmen Aldunate   Santiago, 4 de octubre de 1998
Gerente PROCASA S.A.
Avenida El Bosque 321, Las Condes, Santiago

Estimada señora:
En respuesta a su carta del 15 del corriente, me es muy grato confirmar que
el señor Roberto Urrutia trabaja como jefe de ventas en nuestra empresa
desde hace cinco años. El señor Urrutia gana actualmente un sueldo bruto de
ochocientos mil pesos mensuales.

Forms of address in letter writing
Formal
Muy señor mío:	Dear Sir,
Muy señores míos:	Dear Sirs,
Estimado señor:	Dear Sir,
Estimada señora:	Dear Madam,

Less formal
Estimado señor Díaz:	Dear Mr Díaz,
Estimada señorita Pérez:	Dear Miss Pérez

Informal
Querido Carlos:	Dear Carlos,
Querida María:	Dear Maria,

Introductory phrases
En respuesta a ...	In reply to ...
Me es muy grato ...	I am pleased to ...
Acuso recibo de su carta de fecha ...	I acknowledge receipt of your letter of ...
En contestación a su carta de fecha ...	In answer to your letter of ...
... de fecha (12 de marzo)/	... of (12th March)/(10th) of the
(10) del corriente/de los corrientes	current month
El objeto de la presente es ...	This is to ...

Formal close
Atentamente or Le(s) saluda	Yours truly or Yours sincerely
(muy) atentamente	

Less formal
Un cordial/afectuoso saludo (de) ...	Best wishes (from) ...

Informal close
Un (fuerte) abrazo (de) ...	Love (from) ...

Imagine your boss is giving similar information about you. Write the
letter you are likely to get. Give your own or an imaginary occupation
and salary.

5 ¡A escuchar!

Hablando de trabajo: A journalist from a Spanish magazine conducted a series of interviews with people at work. Here are two of those interviews. If you have the cassette, you can treat this as a listening comprehension exercise, following the suggestions given in the introduction to the book and in previous units. If you do not have the cassette, you can use the transcripts of the interviews on pages 203–205 for reading comprehension. In either case, refer to the notes and questions overleaf.

María del Carmen Salas

This is the first interview. As you listen (or read) fill in the form below with the information given by María del Carmen. If you are using the cassette and have difficulty in understanding, use your rewind button and listen again as many times as you need. Then you'll be able to check the transcript before you go back to the recording again.

publicarse	to be published
artículo (m)	article
agradar	to like
terreno (m)	field
lectora (f)	reader
satisfacer	to satisfy
exigir	to demand
estar dispuesta a	to be ready or willing to

MARÍA DEL CARMEN SALAS

Edad: ....

Profesión: ....

Deberes: ....

Aspectos que considera positivos en su profesión: ....
....
....
....

Aspectos que considera difíciles en su profesión: ....
....
....
....

Now listen to (or read) the interview once more and, as you do so, give the Spanish for the following phrases used by María del Carmen and the interviewer.

(a) Could you tell me what you do for a living?
(b) I am in charge of ...
(c) What do you like most about your profession?
(d) Field work.
(e) That is what I like most.
(f) Is there anything you don't like about your work?
(g) They are very demanding.
(h) You have to renew yourself constantly.

Javier Molina

In the second interview, Javier Molina talks about his job at the tourist information office in Alicante. Listen to (or read) the interview and then answer the questions below in Spanish.

funcionario (m)	*official*
tener suerte	*to be lucky*
propiedad (f)	*property*
seguro	*safe* (adjective)

Answer the following questions in Spanish.

(a) ¿Cuánto tiempo hace que trabaja Javier en la Oficina de Turismo de Alicante?
(b) ¿Dónde trabajaba antes?
(c) ¿Por qué decidió cambiarse?
(d) ¿Cómo describe su nuevo puesto?
(e) ¿En qué consiste su trabajo?
(f) ¿Qué tipo de información piden los turistas?

6 Read the text that follows which looks at the job prospects of Spanish graduates and, as you read it, answer the questions on page 48 in English.

CÓMO ENCONTRAR EL PRIMER EMPLEO

La búsqueda del primer empleo es una de la cosas que más preocupa a los jóvenes españoles, como seguramente lo es para el resto de la juventud europea. La obtención de un título universitario no es garantía de trabajo, pero sí aumentará las posibilidades de acceso al mundo laboral.

Según los datos de una encuesta realizada por la empresa Edis entre estudiantes españoles, y corroborado en una entrevista con la revista Cambio 16 por el Secretario de Estado de universidades e investigación, 'el índice de paro entre los universitarios es de dos veces menor que la media nacional entre jóvenes de su misma edad sin estudios superiores. Es decir, a pesar de esa frase que circula que la Universidad es una fábrica de parados, se puede asegurar que tener un título universitario es un pequeño seguro contra el paro.'

Ahora, las carreras con mayor salida laboral – según revela la encuesta – corresponden a idiomas, informática y tecnología en general. Aunque saber uno o más idiomas sin tener ninguna otra especialización no es garantía absoluta de empleo. Las empresas requieren individuos con una formación integral. Así, un ingeniero o técnico con conocimientos de idiomas extranjeros tendrá posiblemente menos dificultades para encontrar su primer empleo que aquél que no los tenga.

Según los datos obtenidos en la encuesta, en España el mayor número de parados se da dentro de las profesiones tradicionales, tales como filosofía y letras, medicina, derecho, biología, mientras que el menor número de parados lo encontramos en las áreas de ingeniería técnica de comunicaciones, náutica, ingeniería de caminos, canales y puertos, tecnología del sector sanitario, física, matemáticas, etc.

Tal como ocurre en otros sectores del mundo laboral, la mujer graduada encuentra más dificultades que el varón para obtener un empleo, y el paro es, en términos relativos, superior en las mujeres que en los hombres.

(Revista Cambio 16, Nº 859)

búsqueda (f)	*search/hunt*
salida laboral (f)	*job prospects*
parado	*unemployed* (adjective)
parados (m)	*the unemployed* (in general)
paro (m)	*unemployment*
media (f)	*average*
informática (f)	*computer science*
filosofía y letras (f)	*humanities*
derecho (m)	*law*
sector sanitario (m)	*health sector*

(a) What is one of the things that worries young Spanish people most?
(b) What are the advantages of having a university degree?
(c) How does unemployment among university graduates compare with the national average for people without higher education?
(d) Which are the careers with better job prospects?
(e) Which are the professions with the highest number of unemployed people?
(f) What is the position of women graduates with regard to employment?

Consolidación

1 A Spanish speaker sitting next to you on an airplane starts up a conversation. He/she seems to be very interested in what you do for a living, perhaps too much for a total stranger. These are his/her questions. Answer giving real or imaginary information.

(a) ¿A qué se dedica Vd.?
(b) ¿Cuánto tiempo hace que trabaja en esto?
(c) ¿Cuál es su horario de trabajo?
(d) ¿Le gusta lo que hace? ¿Por qué?
(e) ¿Qué tal el sueldo?
(f) ¿Cuántos días de vacaciones tiene al año?

2 How would each of the following people say what their occupation is and what it is they do? Look up the occupations in your dictionary if necessary, and fill in the blank spaces with an appropriate verb: fabricar, cuidar, enseñar, conducir, construir, dirigir, apagar, repartir.

... puentes

... enfermos

... incendios

... muebles

... autobuses

... una orquesta

... geografía

... cartas

4 | DE VUELTA AL COLEGIO

Objetivos

■ Talk about your studies, including languages you speak, and give similar information about other people
■ Refer to past events
■ Say how long ago something happened
■ Make enquiries

Tema

The dialogues and exercises in Unit 4 focus on the theme of education and foreign languages. You will learn to talk about your own school days and read about other people's experiences, and you will have a chance to write simple letters requesting information. This unit's reading comprehension focuses on Spanish language courses in Salamanca.

Diálogos

1 Usted habla muy bien español

En una reunión social en un país de habla española, hablan dos desconocidas, Francisca Bravo y Sarah Parker.

Francisca   Vd. es inglesa, ¿verdad?

Sarah   Sí, soy inglesa, de Bath. ¿Conoce Vd. Inglaterra?

Francisca   Sí, estuve en Londres con mi marido hace un par de años. Nos gustó mucho. Es una ciudad muy bonita. Me gustaría mucho volver. ¿Y Vd. está aquí de vacaciones?

Sarah   No, mi marido ha sido enviado aquí por su empresa y nos quedaremos tres años.

Francisca	¡Estupendo!, Vd. habla muy bien español.
Sarah	Gracias. Estudié español en la escuela y antes de venirme hice un curso intensivo de tres meses. Pero todavía me falta mucho por aprender. Espero tomar algún curso en una escuela de idiomas. ¿Y Vd. habla inglés?
Francisca	¡Uy! Lo hablo, pero muy mal. Me da vergüenza decirlo. Mi marido sí, él habla inglés bastante bien. Lo aprendió en Estados Unidos. Vivió allí antes de que nos casáramos. También habla algo de alemán, y el francés lo domina perfectamente. Su madre es francesa.
Sarah	¡Qué bien! A mí me encantan los idiomas.

Ha sido enviado.	He has been sent.
un par (m)	a couple
Todavía me falta mucho por aprender.	I still have a lot to learn.
Me da vergüenza.	I feel ashamed.
Antes de que nos casáramos ...	Before we got married ...
Lo domina perfectamente.	He is perfectly fluent.

Notas explicativas

Notice the use of the direct object pronoun **lo** in these sentences:

Lo hablo muy mal (el inglés).	*I speak it very badly.*
Lo aprendió en Estados Unidos (el inglés).	*He learn it in the United States.*
Lo domina perfectamente (el francés).	*He is perfectly fluent in it.*

For a revision of direct object pronouns see **Notas gramaticales** on page 55.

¿Verdadero o falso?

(a) Francisca está en Londres con su marido desde hace un par de años.

(b) Londres les agradó mucho.

(c) El marido de Sarah es empresario.

(d) Los primeros estudios de español de Sarah los hizo en la escuela.

(e) Francisca vivió en Estados Unidos antes de que se casara.

(f) Su marido domina el inglés, el alemán y el francés.

2 Pidiendo información

Sarah Parker pide información sobre cursos de español en una escuela de lenguas.

Secretaria	Buenos días. ¿Qué desea?
Sarah	Buenos días. ¿Podría darme información sobre los cursos de español para extranjeros?
Secretaria	¿Quiere usted pasar a la oficina número veinte, por favor? Allí le darán toda la información que necesite. Está al final del pasillo.
Sarah	Gracias.

(En la oficina Nº 20)

Encargado	Buenos días, ¿dígame?
Sarah	Buenos días. He venido a pedir información sobre los cursos de español para extranjeros.
Encargado	¿Vd. es profesora de español? Se lo pregunto porque para profesores extranjeros de español tenemos cursos especiales.
Sarah	No, no, estoy interesada en un curso general.
Encargado	Bueno, en ese caso le puedo recomendar el curso general que empieza el 31 de julio y termina el 26 de agosto.
Sarah	¿Del 31 de julio al 26 de agosto me ha dicho?
Encargado	Exactamente. Son cuatro semanas en total. También tenemos un curso intensivo que va del 3 al 29 de julio y un curso abreviado del 28 de agosto al 16 de septiembre.
Sarah	Prefiero el curso general. No dispongo de mucho tiempo como para hacer el curso intensivo y el curso abreviado no es suficiente. ¿Cuál es el horario de clases?
Encargado	Bueno, en el caso del nivel superior, que es el que le correspondería a Vd. por su nivel de español, las clases de lengua son de 9.00 a 1.00. Y por la tarde, de 5.00 a 7.00, hay un ciclo de conferencias sobre cultura y civilización hispánicas.
Sarah	Perdone, no he entendido lo último que me ha dicho.
Encargado	He dicho que entre las 5.00 y las 7.00 de la tarde hay una serie de conferencias sobre cultura y civilización.

Sarah	¿Y ... puede decirme cuánto cuesta la matrícula?
Encargado	Un momento, por favor, le daré un folleto informativo que incluye los precios y el boletín de inscripción. También tiene aquí información sobre alojamiento en caso de que lo necesite.
Sarah	Muchas gracias.

Al final del pasillo.	At the end of the corridor.
curso abreviado (m)	short course
No dispongo de ...	I haven't got ...
nivel superior (m)	advanced level
matrícula (f)	registration
folleto informativo (m)	information brochure
alojamiento (m)	accommodation

✳ **Notas explicativas**

Notice the use of object pronouns such as **me, le** in these sentences:

¿podría dar**me** información ...?	*Could you give me information?*
allí **le** darán toda la	*there they will give you all the*
información ...	*information ...*

For an explanation of this see **Notas gramaticales**.

Ejercicio de comprensión

Answer the following questions in Spanish.

(a) ¿Por qué le pregunta el encargado a Sarah si ella es profesora de español?

(b) ¿Qué duración tiene el curso general? ¿Y el curso abreviado?

(c) ¿Por qué no desea hacer el curso intensivo Sarah?

(d) ¿Qué le da el encargado a Sarah?

🔑 **Frases y expresiones importantes**

Saying what you have studied and what languages you speak

Estudié español en la escuela.	*I studied Spanish at school.*
Lo hablo (el inglés), pero muy mal.	*I speak it, but very badly.*
Él habla inglés bastante bien.	*He speaks English very well.*

Referring to past events

Estudié español.	*I studied Spanish.*
Lo aprendió en EE. UU.	*He learnt it in the United States.*
Vivió allí antes de que nos casáramos.	*He lived there before we got married.*

Saying how long ago something happened

Estuve en Londres con mi marido hace un par de años.	*I was in London with my husband a couple of years ago.*

Making enquiries

¿Podría darme información sobre los cursos de español?	*Could you give me information about the Spanish courses?*
¿Puede decirme cuánto cuesta la matrícula?	*Can you tell me what the registration fees are?*

🔲 Notas gramaticales

1 The preterite tense

Usage

To refer to events which are past and complete and to events which lasted a definite period of time and ended in the past, you use the *preterite tense* or *simple past tense*. For example:

Lo **aprendió** en Estados Unidos.	*He learnt it in the United States.*
Estudié español durante dos años.	*I studied Spanish for two years.*

Formation

The preterite tense has two sets of endings, one for **-ar** verbs and another one for **-er** and **-ir** verbs. Here are two fully conjugated verbs: **estudiar** (*to study*) and **aprender** (*to learn*).

estudié	*I studied*	**estudiamos**	*we studied*
estudiaste	*you studied* (familiar)	**estudiasteis**	*you studied* (familiar)
estudió	*he/she/you studied*	**estudiaron**	*they/you studied*

aprendí	I learnt	aprendimos	we learnt
aprendiste	you learnt	**aprendisteis**	you learnt (familiar)
aprendió	he/she/you learnt	**aprendieron**	they/you learnt

For irregular verbs in the preterite, such as **hacer** (*to do, make*), **hice, hiciste, hizo** ..., **estar** (*to be*), **estuve, estuviste, estuvo** ..., see your grammar book.

2 Hace (ago)

With a verb in the preterite tense, **hace** translates into English as *ago*.

Estuve en Londres con mi marido **hace** un par de años.
I was in London with my husband two years ago.

Compare this construction with the one you learnt in Unit 3, such as:

Hace un año que **vivo** en Madrid.
I have been living in Madrid for a year.

3 Direct object pronouns

The word **lo** in **lo hablo** (*I speak it*), **lo aprendió** (*he learnt it*), is a direct object pronoun. You use a direct object pronoun to avoid the repetition of a noun, in this case the word **el inglés**, *English*.

¿Y usted habla inglés?
And do you speak English?
Lo hablo, pero muy mal.
I speak it, but very badly.

Here is the complete set of direct object pronouns:

Singular		Plural	
me	me	**nos**	us
te	you (familiar)	**os**	you (familiar)
lo	you, him, it (m)	**los**	you, them (m)
la	you, her, it (feminine)	**las**	you, them (feminine)

Here are some further examples:

La vi ayer.
I saw her/it yesterday.
Nos llamó.
He/she called us.

✳ Nota explicativa

In Madrid and in some regions of central Spain you are more likely to hear **le**, **les**, instead of **lo**, **los**, for human males – singular and plural respectively – all of which are considered correct. However, it may be easier for you to memorise the following simple rule when using the masculine form of direct object pronouns: *use* **lo** *and* **los** *for things and* **le** *and* **les** *for people*.

¿Conoces a Juan?	*Do you know Juan?*
Sí, **le** (or **lo**) conozco.	*Yes, I know him.*

4 Indirect object pronouns

To say *to/for me, to/for you, to/for him, her*, etc., you use the following set of words which are called *indirect object pronouns*.

Singular		**Plural**	
me	*me, to me, for me*	**nos**	*us, to us, for us*
te	*you, to you, for you* (familiar)	**os**	*you, to you, for you* (familiar)
le	*you, him/her, to you, him/her, for you, him/her*	**les**	*you, them, to you, them for you, them*

Examples:

¿Podría dar**me** información …?	*Could you give me information…?*
Allí **le** darán toda la información …	*There they will give you all the information …*

If you have two object pronouns, one direct and one indirect, the indirect one comes first.

Él **me** lo explicó.	*He explained it to me.*

When the indirect object **le** (or **les**) precedes **lo**, **la**, **los** or **las**, the indirect object becomes **se**. For example:

Le pregunto.	*I ask you.*
Lo pregunto.	*I ask about it.*
Se lo pregunto.	*I ask you (about it).*

Notice that object pronouns normally precede the verb, but in phrases where a verb precedes an infinitive, the object pronouns may either precede the main verb or be attached to the infinitive. For example: ¿Podría dar**me** información …? or ¿**Me** podría dar información?

Repaso

1 Read this extract from a letter written by Alfonso to his pen friend in England and complete each blank space in the letter with a verb from the box. Use the preterite tense.

Querida Barbara:

.... mucho de recibir carta tuya nuevamente y de saber que te .... bien en tus exámenes. Por lo que me cuentas, el curso que .... era bastante difícil.

Me preguntas si he estudiado inglés. Bueno, la verdad es que lo .... durante varios años, pero nunca .... hablarlo correctamente. Creo que no .... un buen profesor y además éramos muchos en la clase y no teníamos oportunidad de practicarlo. Pero hace unos seis meses .... a un curso intensivo en una escuela de lenguas que se .... aquí en Segovia y .... bastante. .... estudiar mucho, pues teníamos seis horas diarias de clases, pero creo que .... la pena, ya que ahora al menos puedo comunicarme y entiendo casi todo. Espero que cuando te visite en Inglaterra me puedas ayudar...

estudiar	**aprender**	**asistir**
abrir	**alegrarse**	**merecer**
conseguir	**ir**	**tener que**
tener	**hacer**	

2 Complete the blank spaces below with the correct object pronouns: **me, te, lo, le,** etc.

(a) ¿_____ puedes explicar lo que significa esta frase? No entiendo muy bien el español. Por supuesto, yo _____ _____ explicaré.

(b) ¿Habla Vd. español? _____ hablo, pero no muy bien.

(c) Carlos habla demasiado rápido. No _____ entiendo casi nada.

(d) Por favor, cuando llegue María díga_____ que _____ llame. Necesito preguntar_____ algo. Muy bien, _____ _____ diré.

(e) Por favor, ¿podría dar_____ información sobre los cursos de español? Un momento, por favor, _____ _____ daré en seguida, y _____ daré también un folleto informativo.

✌ Actividades

1 At a conference in a Spanish-speaking country you engage in informal conversation with one of the participants.

Señor Vd. habla muy bien español.

Tú (*Thank him. Say that is very kind of him.*)

Señor ¿Dónde lo aprendió?

Tú (*Say you learnt it at school, but you also spent six months in Spain. Ask him if he speaks English.*)

Señor Lo hablo, pero bastante mal. Lo encuentro muy difícil. Pero el francés sí lo hablo muy bien.

Tú (*Ask him where he studied French.*)

Señor Bueno, mis padres vivieron en París cuando yo era pequeño. Lo aprendí allí. ¿Y Vd. habla francés?

Tú (*Yes, you did several years of French at school and you had an excellent teacher. And you also go to France every summer. Last year you were in Cannes. You liked it very much.*)

Señor Sí, a mí me encanta Cannes también. Mi mujer y yo estuvimos allí hace unos cinco años. Lo pasamos estupendamente.

2 You are going to make enquiries about Spanish courses at a language school in Spain. Write the necessary questions to get the information you need.

(a) Ask if they do summer courses in Spanish.
(b) Ask when they start.
(c) Ask what levels they offer.
(d) Ask how much they cost.
(e) Ask about the time-table.
(f) Ask if they can help you find accommodation.

3 Traducción

Pamela Johnson wrote to a school in Malaga asking for information about Spanish courses. This is her letter.

26 Devonshire Street
Londres W3 7HF
Inglaterra

26 de mayo de 1999

Señor Director de Estudios
Cursos para extranjeros
Universidad de Málaga
San Agustín 6
29080 - Málaga
España

Muy Señor mío:
El objeto de la presente es solicitar a Vd. que me envíe información sobre los cursos de español para extranjeros que ofrecerá la Universidad de Málaga este verano.

Le ruego me dé información detallada sobre las fechas en que éstos se realizarán, los niveles que se ofrecen, el horario de clases y el valor de la inscripción.

Le agradeceré además que me informe sobre la posibilidad de conseguir alojamiento a través de ustedes con una familia española.

En espera de sus gratas noticias, le saluda atentamente,

Pamela Johnson

What information did Pamela ask for in the letter? Translate this into your own language.

El objeto de la presente es ...	This is to...
le ruego ...	please, kindly
Le agradeceré.	I shall be grateful.
En espera de sus gratas noticias.	I look forward to hearing from you.

4 Here is part of the information Pamela Johnson received from the school of languages in Malaga. Read it through and make a note in English of the following points:

(a) How can you register?
(b) What certificates or diploma can you obtain?
(c) What sort of accommodation can they help you find?
(d) How are the students grouped?
(e) How many hours a week do you have to attend?
(f) What activities can students take part in during the course?

UNIVERSIDAD DE MÁLAGA
CURSOS PARA EXTRANJEROS
Apartado 310   29080–MÁLAGA, ESPAÑA

CURSO DE VERANO

El Curso se dirige a extranjeros que deseen iniciar o ampliar sus conocimientos en lengua y cultura españolas.

Duración
Se desarrolla en tres ciclos, pudiéndose inscribir en uno, dos o los tres.

Ciclo I	03.07 – 30.07
Ciclo II	01.08 – 30.08
Ciclo III	02.09 – 27.09

Inscripción y matrícula
El Curso de verano es un curso abierto: no es necesario ningún título académico para inscribirse, sólo se precisa tener 16 años.

Enviar a la Secretaría la ficha de inscripción, dos fotografías y fotocopia del documento de pago.

Exámenes y certificados
Los exámenes son obligatorios sólo para los alumnos que deseen obtener uno de estos títulos:
- Certificado de Lengua Española;
  Permanencia mínima: un mes.
- Diploma de Estudios Hispánicos;
  Permanencia mínima: dos meses.

Alojamiento
La Secretaría del Curso facilitará direcciones de familias o apartamentos a los alumnos inscritos que lo soliciten.

Horario de clases y niveles
Los alumnos se dividen en niveles según sus conocimientos de lengua: básico, intermedio y superior. Se imparten cuatro clases diarias de lunes a viernes desde las 9.00 a las 13.15.

Otras actividades
Durante el curso se organizan conciertos, espectáculos y sesiones de cine. Asimismo hay visitas a los principales monumentos de la ciudad y excursiones a ciudades de interés (Granada, Córdoba, Sevilla y Ronda).

También se organiza un viaje a Marruecos. Durante el mes de agosto son las fiestas de la ciudad con actos folklóricos y culturales de gran interés.

5 In a Spanish magazine, you see the following courses advertised and you decide to write making enquiries about one of them.

GRADUADO ESCOLAR
Preparación para la obtención del Titulo del Estado.

CULTURA GENERAL
Los conocimientos que toda persona debe poseer hoy.

DECORACION
Podrás decorar desde una habitación de niños a una tienda.

GUITARRA
Método seguro. Por solfeo o por cifra. Incluye cassettes.

ORDENADORES Y BASIC
Lograrás un conocimiento completo de lo que da de sí un Ordenador Personal y su programación.

CONTABILIDAD
Muy sencillo y práctico. Diploma de Contable.

Follow this guideline:

(a) Say you have seen the advertisement for courses offered by the Centro de Estudios Eva and state which course you are interested in.

(b) Ask them to send you all the relevant information about the course, including the date when it is held, registration fees, time table and how you can register.

(c) Ask them to send you the information as soon as possible.

For other standard words and phrases used in formal letter writing see the letter in Exercise 3 on page 59 and in Unit 3 on page 44.

Palabras y frases útiles

anuncio (m)	advertisement
ofrecer	to offer
información referente a ...	relevant information about ...
realizarse	to be held
inscribirse	to register
lo antes posible	as soon as possible
estar interesado(a)	to be interested

---

 6 ¡A escuchar!

Recuerdos: In an interview on the subject of education, Gloria Díaz from Spain, talked about the school she went to. Listen to the conversation if you have the cassette, or alternatively, use the transcript on pages 205–206 for reading comprehension. First study these key words, then look at the questions and answer them as you read or listen to the conversation.

---

recuerdos (m)	memories
olvidado	forgotten
Disfruté.	I enjoyed it.
Nos llevábamos mal.	We didn't get on.
simpatiquísima	very nice
asignatura (f)	(school) subject
Suspendí.	I failed.
guardar	to keep

¿Verdadero o falso?

(a) Hace casi dos años que Gloria está en el colegio.
(b) Gloria estudió en un colegio religioso para chicas.
(c) Ella fue allí porque prefería estar sólo con chicas.
(d) La profesora que más le gustaba era la de matemáticas.
(e) Con la profesora de historia se llevaba muy bien.
(f) Sus asignaturas favoritas eran Matemáticas y Ciencias.

7 Every summer, thousands of foreign students come to Spain to study Spanish. This passage from the newspaper *El País* looks at the situation in Salamanca where some of these courses are held. Read it through and then complete the sentences which follow.

---

salmantina from Salamanca
en torno a approximately
rasgos (m pl) features
tez (f) **morena** dark skin
dejar paso to open the way to
chapurrear to have a smattering
  of a language
tirón (m) pull, attraction

claustro (m) cloister
licenciado (m) graduate
disfrutar to enjoy
mesetaria which is on the meseta (f),
  the plateau of Castile
impartir to teach
comunitarias from/of the
  European Community

SALAMANCA: SOL Y CULTURA

Los cursos internacionales de la universidad salmantina atraen cada año a más extranjeros. Cada mes de verano se inscriben en ellos en torno a los 1.300 estudiantes. En julio, la mayor parte procede de Estados Unidos, y llega en grupos organizados. En agosto son europeos muchos de ellos. También, en cualquiera de los meses, los estudiantes tienen rasgos orientales, tez morena o proceden de cualquier lugar del mundo. Cuando empieza julio, los clásicos universitarios que estudian Derecho o Medicina abandonan Salamanca, regresan a sus pueblos o ciudades o se van de vacaciones. Al finalizar el año académico dejan paso en las calles a otros universitarios, más desiguales en edad, que *chapurrean* castellano o caminan en grupos por las calles, y que también acuden a otros centros privados que han aprovechado el tirón de la universidad salmantina para atraer a otros miles de alumnos cada verano.

Estos estudiantes comparten pasillos y claustros con otros españoles matriculados en cursos para universitarios – licenciados o profesores – organizados por cada facultad o departamento, generalmente de una semana o dos de duración. Y por vez primera este verano han podido ver cómo se reciclan sus propios profesores, porque se ha inaugurado una nueva especialidad: cursos para profesores de español de cualquier parte del mundo. En Salamanca *repiten* curso voluntariamente muchos estudiantes de verano, y otros llegan por recomendación de los amigos para disfrutar un mes en una ciudad mesetaria y seca que aparentemente invita poco a ello.

También este año han comenzado a impartirse cursos de características especiales: son para un solo alumno y con carácter intensivo. Y se imponen cada vez más, por la demanda, los que se dirigen a grupos específicos, por ejemplo a funcionarios de instituciones de algún país, o comunitarias.

(El País, España)

Complete these phrases with information from the text.

(a) El número de estudiantes que asiste a los cursos de verano es de aproximadamente _____.

(b) En el mes de julio, la mayoría de los estudiantes extranjeros viene de _____.

(c) En el mes de agosto, la mayor parte de los estudiantes extranjeros son _____.

(d) A comienzos de julio los alumnos regulares dejan Salamanca y _____.

(e) Este año la Universidad de Salamanca ofrece por primera vez _____.

(f) También se dan a partir de este año cursos especiales: _____

Consolidación

You are applying for a job in a Spanish-speaking country and you are preparing for a preliminary interview. You will have to answer questions about your studies. These are the possible questions. How would you answer them?

(a) ¿Dónde hizo Vd. sus estudios secundarios?
(b) ¿Cuándo los empezó?
(c) ¿Los terminó? ¿Cuánto tiempo hace que los terminó?
(d) ¿Qué idiomas extranjeros habla Vd.?
(e) ¿Los habla correctamente?
(f) ¿Cuándo empezó a estudiar español?
(g) ¿Ha hecho Vd. estudios universitarios?
(h) ¿Dónde los hizo?
(i) ¿Qué estudios hizo?
(j) ¿Cuánto tiempo hace que los terminó?

idioma extranjero (m)	foreign language
estudios universitarios (m pl)	university studies

5 | DE VACACIONES

Objetivos

■ Describe places and people you knew in the past
■ Express hope
■ Express intentions
■ Talk about the future
■ Talk about the weather
■ Express regret

Tema

The main theme of Unit 5 is holidays and travel. By the time you have finished this unit you will be able to talk about places you went to and about your travel plans. A reading passage from a Spanish magazine gives some information about where, and how often, Spanish people go on holiday.

Diálogos

1 Un viaje a Cuba

Pablo Dávila y Ana Ramírez hablan de sus últimas vacaciones.

Pablo	¿El año pasado también viniste aquí de vacaciones?
Ana	No, el año pasado fui a Cuba con unas amigas. Estuvimos en La Habana y en Varadero.
Pablo	¿Y qué tal?
Ana	Nos gustó muchísimo. Estuvimos tres días en La Habana y una semana en Varadero. Varadero es un lugar muy bonito y tiene unas playas estupendas. Y el hotel donde nos quedamos era excelente. Estaba a cinco minutos de la playa. Tenía piscina, discoteca ...
Pablo	¿Fuisteis a través de alguna agencia de viajes?
Ana	Sí, porque de otra manera nos habría resultado demasiado caro. Mereció la pena, y la gente del grupo era muy maja, la mayoría era gente joven.
Pablo	La verdad es que a mí los viajes organizados no me gustan nada. Prefiero viajar por mi cuenta.

a través de	through
agencia de viajes (f)	travel agency
de otra manera	otherwise
Nos habría resultado ...	It would have been ...
merecer la pena	to be worth it
majo(a)	nice (Spain)
por mi cuenta	by myself, independently

Nota explicativa

¿Y qué tal? Notice this colloquial phrase which has different translations in English, depending on the context. Here it means *And how was it?* or *How did it go?* with reference to the holiday Ana is talking about.

Ejercicio de comprensión 1

Answer the following questions in Spanish.

(a) ¿Dónde pasó sus vacaciones Ana el año pasado?
(b) ¿Cuánto tiempo estuvo allí?
(c) ¿Qué dice Ana del hotel?
(d) ¿Fue por su cuenta? ¿Por qué sí/no?
(e) ¿Cómo describe Ana a la gente con que viajó?
(f) ¿Qué dice Pablo de los viajes organizados?

2 Espero ir a México

Pablo y Ana hablan de sus planes para las próximas vacaciones.

Ana ¿El año que viene vendrás aquí otra vez?

Pablo No, el próximo verano espero ir a México. Un amigo mexicano que conocí en Salamanca me ha invitado a su casa. Pienso irme hacia finales de julio y me quedaré allí todo el mes de agosto. Él tomará sus vacaciones en la misma fecha y viajaremos juntos. Así podré conocer un poco del país.

Ana ¡Estupendo! Te gustará mucho. Mi hermana estuvo en México hace un par de años y me contó maravillas de los sitios que visitó y de la gente.

Pablo Bueno, ¿y tú que harás? ¿Volverás aquí otra vez?

Ana No lo creo. Espero ir a algún lugar diferente. Hay unos viajes al oriente que me entusiasman mucho y que no son nada caros. Ya veremos. Aún falta much tiempo …

Espero ir.	*I hope to go.*
Pienso irme.	*I'm thinking of going.*
hacia finales de	*towards the end of*
así podré conocer …	*that way I'll be able to see … (Lit. to know)*
No lo creo.	*I don't think so.*
… que me entusiasman.	*… which I am very tempted by.*
ya veremos	*we'll see*

✳ Notas explicativas

(a) Me contó maravillas de… *She spoke wonderfully about …*

The expression is **contar** or **decir** maravillas de …, *to speak wonderfully of … (people or things)*.

(b) Aún falta mucho tiempo. *There is still a long time to go (to next summer).*

In this construction, the verb **faltar** is used in the third person singular or plural. Look at these other examples:

Falta mucho para mi cumpleaños. *My birthday is a long way off.*
Faltan dos meses para la *There are two months to go*
Navidad. *to Christmas.*

(c) **México** is also spelled with a **j** – **Méjico**.

Ejercicio de comprensión 2

Complete these phrases with information from the dialogue.

(a) El próximo verano Pablo irá de vacaciones a _____
(b) Él ha sido invitado por _____
(c) Piensa viajar en (mes) _____
(d) Estará allí todo el mes de (mes) _____
(e) Viajará con _____
(f) A Ana le gustaría ir a (lugar) _____

3 Hablando del tiempo

En la recepción del Hotel El Conquistador, dos turistas sudamericanos hablan del tiempo.

Señor ¿Sigue lloviendo?

Señorita Lamentablemente sí, no ha parado de llover en toda la noche. Está lloviendo a cántaros en este momento.

Señor ¡Qué lástima! Y yo que pensaba salir de paseo. Tendré que quedarme en el hotel.

Señorita ¡Es una pena! Pero probablemente mañana hará buen tiempo.

Señor ¡Ojalá!

Está lloviendo a cántaros.	*It is raining cats and dogs.*
¡Qué lástima!	*What a pity!, What a shame!*
Y yo que pensaba ...	*And I was thinking of ...*
¡Es una pena!	*It is a pity!, It is a shame!*
Hará buen tiempo.	*The weather will be good.*
¡Ojalá!	*I hope so!*
lamentablemente	*unfortunately*

Notas explicativas

(a) ¿Sigue lloviendo? *Is it still raining?*

After **Seguir** and **continuar** (*to follow, to continue*), the verb must be in the gerund. Look at these othere examples:

Continúa nev**ando**. *It is still snowing.*
¿**Sigues** trabaj**ando**? *Are you still working?*

(b) No ha **parado de llover.**   *It hasn't stopped raining.*

Notice the use of infinitive after **parar de**, *to stop (doing something).*

Ejercicio de comprensión 3

How would you say the following in Spanish?

(a) *Is it still raining?*   (d) *What a pity!*
(b) *It hasn't stopped raining.*   (e) *It's a pity.*
(c) *It's raining cats and dogs.*   (f) *I hope so.*

Frases y expresiones importantes

Describing places and people you knew in the past

El hotel era excelente.	*The hotel was excellent.*
Tenía piscina.	*It had a swimming pool.*
La gente era muy maja.	*The people were very nice.*
La mayoría era gente joven.	*The majority were young people.*

Expressing hope

Espero ir a México.	*I hope to go to Mexico.*
¡Ojalá!	*I hope so.*

Expressing intentions

Pienso irme hacia finales de julio.	*I intend to go towards the end of July.*
Yo pensaba salir de paseo.	*I was thinking of going out.*

Talking about the future

Me quedaré allí todo el mes de agosto.	*I will stay there for all of August.*
Él tomará sus vacaciones en la misma fecha.	*He will take his holidays on the same date.*

Other ways of talking about the future

Voy a viajar a España.	*I am going to travel to Spain.*
Vamos a quedarnos aquí.	*We are going to stay here.*
Mañana salgo para Londres.	*I am leaving for London tomorrow.*

Talking about the weather

Está lloviendo a cántaros. *It is raining cats and dogs.*
Mañana hará buen tiempo. *The weather will be good tomorrow.*

Other ways of talking about the weather

Hace frío/calor.	*It is cold/warm.*
Hace buen/mal tiempo.	*The weather is good/bad.*
Está despejado.	*It is clear/cloudless.*
Llueve/Está lloviendo.	*It rains, it is raining.*
Hace viento/sol.	*It is windy/sunny.*
Hace bueno.	*The weather is good.*
Está nublado.	*It is cloudy/overcast.*
Está nevando.	*It is snowing.*
Nieva.	*It snows, it is snowing.*

Expressing regret

Lamentablemente sí. *Unfortunately/regrettably yes!*
¡Qué lástima! *What a pity!, What a shame!*
¡Es una pena! *It is a pity!, It is a shame!*

Other ways of expressing regret

Desafortunadamente .../	
Desgraciadamente ...	*Unfortunately ...*
¡Qué desgracia!	*What a shame!*

🎨 Notas gramaticales

1 Looking ahead

To refer to the future you can use:

(a) the future tense:

Me **quedaré** allí todo el mes. *I'll stay there the whole month.*
¿**Vendrás** aquí otra vez? *Will you come here again?*

(b) the construction **ir** with **a** and the *infinitive*:

Va a llover. *It's going to rain.*
¿Qué **vas a hacer**? *What are you going to do?*

(c) the present tense, particularly with verbs which indicate movement:

Él **llega** mañana. *He's arriving tomorrow.*

Esta tarde **voy** a Madrid. *I'm going to Madrid this afternoon.*

2 The future tense

Formation

The future tense is formed with the whole infinitive, to which the endings are added. The same endings are used for the three conjugations: **-ar**, **-er** and **-ir** verbs. Here is an example:

tomar *(to take)*	
tom**aré**	I will take
tom**arás**	you will take (familiar)
tom**ará**	he, she, it, you will take
tom**aremos**	we will take
tom**aréis**	you will take (familiar)
tom**arán**	they, you will take

A few verbs, such as **venir** (*to come*), are irregular in the future tense: **vendré, vendrás, vendrá, vendremos, vendréis, vendrán**. For other irregular verbs in the future see your grammar book.

3 The imperfect tense for past description

To describe places or people you knew in the past, you normally use the imperfect tense, for example.

El hotel era excelente. *The hotel was excellent.*

Estaba a cinco minutos de *It was five minutes away from*
la playa. *the beach.*

La gente era muy maja. *The people were very nice.*

Formation

There are two sets of endings for the imperfect tense, one for **-ar** verbs and another one for **-er** and **-ir** verbs. Here are two examples:

---

estar *(to be)*

estaba	I was
estabas	you were (familiar)
estaba	he, she, it, you were
estábamos	we were
estabais	you were (familiar)
estaban	they, you were

---

tener *(to have)*

tenía	I had
tenías	you had (familiar)
tenía	he, she, it, you had
teníamos	we had
teníais	you had (familiar)
tenían	they, you had

Ser (*to be*), is irregular in the imperfect tense: **era, eras, era, éramos, erais, eran.** For other irregular verbs in the imperfect tense see your grammar book.

4 Expressing hope

Notice the use of infinitive after **esperar** (*to hope*) when expressing hope not involving others or something outside ourselves.

Espero ir a México.   *I hope to go to Mexico.*
Esperamos volver pronto.   *We hope to come back soon.*

✔ Repaso

Put the infinitives into the correct form of the future tense.

Querida Paloma:

Te escribo para contarte que el lunes que viene John y yo (**viajar**) a España. (**Salir**) de aquí a las 2.00 de la tarde y (**llegar**) a Madrid a las 5.00. Aún no sabemos cuánto tiempo (**quedarse**), pero esperamos estar allí por lo menos dos semanas. ¿(**Poder**) venir a vernos al hotel el lunes por la noche? (**Estar**) en el Hotel Gran Vía. Tengo un regalo para ti de Paul y te lo (**dar**) cuando nos veamos … A propósito, ¿qué (**hacer**) tú en tus próximas vacaciones? Nos gustaría mucho que vinieras a Inglaterra … .

☑ Actividades

1 A Spanish friend asks you about your last holiday. Answer his questions.

Él ¿Dónde pasaste tus últimas vacaciones?

Tú *(Say you spent them in San Sebastián, in northern Spain.)*

Él ¿Y qué tal? ¿Te gustó?

Tú *(Say you like San Sebastián very much. It is a very nice town, and the hotel where you stayed was excellent. It was opposite the beach, it had a swimming pool and an excellent restaurant. And you were very lucky with the weather. It wasn't too hot.)*

Él ¿Con quién fuiste?

Tú *(Say you went with some friends. You got on very well together, they were very nice people.)*

Él ¿Y cuánto tiempo estuvisteis allí?

Tú *(Say you didn't stay long. Unfortunately, you all had to come back to work.)*

Él Supongo que volverás allí otra vez el próximo verano.

Tú *(Say you would love to go back, but next year you hope to visit South America. You are thinking of travelling to Argentina and Chile. If you have money you'll stay a couple of months there. You are thinking of taking on another job to pay for your holiday. Ask your friend if he went anywhere on holiday.)*

Él No, desgraciadamente no, no tenía dinero.

Tú *(What a shame!)*

2 You are going on holiday to Mexico. The holiday, which starts in Madrid, will take you to Cancún and Mexico City (México D.F.) Read the programme sent to you by the travel agency. Your travelling companion wants to know the following:

(a) Which airline are we flying with?
(b) Is there a stopover on the way to Cancún?
(c) How are we getting from Cancún airport to the hotel?
(d) How are we travelling from Cancún to Mexico City?
(e) How long are we staying in Mexico City?
(f) Are we flying back to Madrid from Mexico City?

CANCÚN/MÉXICO D.F.

DIA 1.°: MADRID-CANCÚN
Presentación en salidas internacionales del aeropuerto de Barajas en el mostrador de Club Vacaciones, dos horas antes de la salida del vuelo. Viajarás en Boeing 767 de la compañía Spanair en vuelo sin escala a Cancún. A la llegada te espera personal de nuestra organización que te trasladará en bus privado al hotel. Alojamiento.

DIAS 2.° AL 6.°: CANCÚN
Estancia en los hoteles en el régimen de pensión elegido, atendidos por nuestro personal que te informará además de las excursiones facultativas que puedes hacer durante tu permanencia.

DIA 7.°: CANCÚN/MÉXICO D.F.
Recogida en el hotel y traslado al aeropuerto para salir en avión a México D.F. Llegada y traslado en bus privado al hotel. Alojamiento.

DIAS 8.° AL 13.°: MÉXICO D.F.
Estancia en los hoteles en régimen de alojamiento. Posibilidad de excursiones facultativas.

DIA 14.°: MÉXICO D.F./CANCÚN
Recogida en el hotel y traslado al aeropuerto para salir hacia Cancún. Traslado al hotel y alojamiento.

DIA 15.°: CANCÚN/MADRID
Recogida en el hotel y traslado al aeropuerto a la hora que te indique nuestro personal, para embarcarte en un Boeing 767 de la compañía Spanair hacia Madrid donde finaliza nuestro servicio.

mostrador (m)	counter
escala (f)	stopover
trasladar	to take
estancia (f)	stay
pensión (f)	board
facultativo	optional
recogida (f)	from recoger (to pick up)
traslado (m)	transfer

3 You are commenting on your next holiday in Mexico with a Spanish-speaking friend. Answer your friend's questions.

(a) ¿A qué parte de México irás?

(b) ¿Qué lugar visitarás primero?

(c) ¿Cuántos días te quedarás en total?

(d) ¿Te quedarás en casa de amigos?

4 The holiday brochure includes the following information about Mexico City. Translate it into English for your travelling companion.

México D.F.

La capital de México, rodeada de montañas, está situada en un valle de 2.240 m. de altitud. Goza de una intensa vida cultural y artística, es el centro intelectual de toda Hispanoamérica. Aquí se encuentran lugares históricos como el Zócalo, el Palacio Nacional, la Catedral Metropolitana, la capital azteca de Tenochtitlán o el mundialmente famoso Museo Nacional de Antropología.

Esta ciudad de 21 millones de habitantes es una mezcla del pasado y del presente. Una ciudad moderna, con amplias avenidas y plazas animadas, barrios elegantes, mercados populares, edificios futuristas, residencias coloniales e iglesias barrocas.

Como es habitual Club Vacaciones te ofrece hoteles de excelente calidad/precio.

Por la noche puedes salir a cenar a restaurantes típicos y saborear la cocina local mientras disfrutas de la música de los mariachis. Después puedes dar un paseo por la plaza Garibaldi y tomarte un tequila y escuchar a las bandas de música que rivalizan entre sí.

---

rodeada	surrounded
gozar	to enjoy
mariachi	popular music characteristic of the state of Jalisco
tequila	a Mexican alcoholic drink
amplio(a)	wide
barrio (m)	district
saborear	to taste
disfrutar	to enjoy
mundialmente	world (adjective)
mezcla (f)	mixture

5 During a flight to Madrid you are given a Spanish newspaper which has a weather chart for the whole of Spain and the forecast for the following day. What will the weather be like in Madrid? Study the information opposite and then answer the questions on page 78:

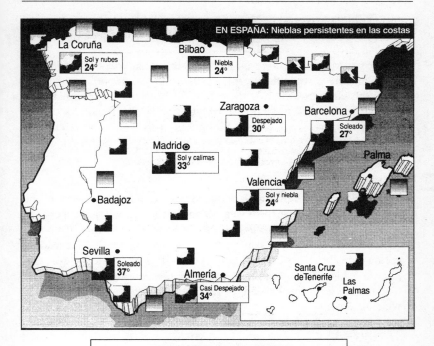

EN ESPAÑA: Nieblas persistentes en las costas

La Coruña
Sol y nubes
24°

Bilbao
Niebla
24°

Zaragoza •
Despejado
30°

Barcelona •
Soleado
27°

Madrid ⊚
Sol y calimas
33°

Palma

Valencia •
Sol y niebla
24°

• Badajoz

Sevilla •
Soleado
37°

Almería •
Casi Despejado
34°

Santa Cruz
de Tenerife
Las Palmas

EL TIEMPO EN MADRID

MAÑANA
Área urbana: (Máxima: 33 / Mínima: 18). Cielo despejado. Calimas. Neblinas a primeras horas y calimas posteriormente. Sin cambios térmicos. Área de la Sierra: Despejado por la mañana con nieblas a primeras horas. Algo nuboso por la tarde con nubes altas. Ventolinas del suroeste.
CONTAMINACIÓN

Los índices de contaminación se mantienen relativamente bajos. La contaminación, por tanto, estacionaria. El sol saldrá hoy domingo a las 7 horas y 48 minutos y se pondrá a las 20 horas y 36 minutos. La luna saldrá a las 7 horas y 46 minutos y se pondrá a las 20 horas y 20 minutos. Fase de la luna: Estamos en luna nueva.

(Diario El Mundo, Madrid, Spain)

calima (f)	*haze*
neblina (f)	*mist*
nuboso	*cloudy*
nube (f)	*cloud*
ventolina (f)	*light and variable wind*
Se pondrá ...	*It will set ...*
luna (f)	*moon*

(a) Will it be overcast in Madrid tomorrow?
(b) What will the weather be like early in the morning? And later on in the day?
(c) If you wanted to drive up to the Sierra, what will the weather be like there early in the morning? And in the afternoon?
(d) With all the traffic that there is in Madrid, the air becomes very polluted at times. What will the situation be like tomorrow?
(e) If you spend the day at the Sierra tomorrow, you want to return to the city before sunset, as you don't like driving at night. What time will the sun set?

 6 ¡A escuchar!

El pronóstico del tiempo: Now that you are familiar with some of the terminology used in Spanish weather forecasts, you will have a chance to hear a recording about the weather in Santiago de Chile. If you do not have the cassette, you can use the transcript on page 206 for reading comprehension. First, familiarise yourself with some words and phrases which did not appear in the previous exercise. Then, as you listen to the recording or read the text, answer in Spanish the questions which follow.

llovizna (f)	drizzle
grado (m)	degree
nubosidad (f)	cloudiness
humedad (f)	humidity

(a) ¿Cómo estará el tiempo hoy en Santiago, según la Dirección Meteorológica de Chile?
(b) ¿Cuál será la temperatura mínima probable? ¿Y la máxima?
(c) ¿Cuáles fueron las temperaturas mínima y máxima ayer en la capital? ¿A qué hora fueron?
(d) ¿Cuáles son las perspectivas para el viernes 21 de febrero?
(e) ¿Cuál es la temperatura del momento?

7 The following passage, from an article published by the Spanish magazine *Cambio 16*, looks at the results of a survey carried out among Spanish people to find out how often they go on holiday and where they tend to go. As you read it make a note in English of the main points.

LOS ESPAÑOLES VERANEAN POCO, BARATO Y CERCA

La encuesta realizada por el Gabinete de Investigación turística y el Instituto DYM revela que los hábitos vacacionales de los españoles están marcados por el espítitu ahorrador: los españoles somos poco viajeros.

Los primeros datos de la encuesta dejan bien claro que la propensión viajera del español está directamente relacionada con dos aspectos: su situación generacional y su posición económica. Cuanto más jóvenes y cuanto más adinerados, obviamente más viajeros. De igual modo, los habitantes de los grandes núcleos urbanos viajan más que los provenientes del medio rural; y los que residen en la zona centro o norte, más que los que viven al sur. Toda una lección de economía. El ocio y su empleo son cuestión de dinero.

Hasta tal punto afecta el *status* social al veraneo que las diferencias son de uno a tres. El 69 por ciento de las personas de nivel económico alto veranean, frente al 29 por ciento que lo hacen entre quienes tienen lo que asépticamente se califica de nivel económico bajo. En todo caso, los españoles veranean en general poco. Tan sólo un 47 por ciento lo hizo el

año pasado. Esas vacaciones se concentran además en el verano, dando por resultado un solo viaje de vacaciones al año en el 62 por ciento de quienes veranean. Sólo el 19 por ciento realiza más de un viaje, cifra que asciende al 6 por ciento y al 7 por ciento para aquellos que realizan tres o más viajes.

La curiosidad del turista español por el mundo, se limita al 10 por ciento que viaja al extranjero en sus vacaciones. El 90 por ciento restante escoge el suelo patrio para descansar y, por mucho que las playas y el sol hispanos sean motivos de seducción planetaria, los españoles prefieren el interior peninsular para pasar su veraneo: el 49 por ciento se fue tierra adentro el año pasado, frente al 37 por ciento que escogió el litoral y el 4 por ciento que se desplazó a las islas Canarias o Baleares.

(*Cambio 16, Nº 862*)

veranear	*to go on summer holidays*
veraneo (m)	*summer holidays*
encuesta (f)	*survey*
ahorrador	*saving* (adjective)
Cuanto más ... más	*the more ... the more*
adinerado	*rich, well-off*
restante	*remaining* (adjective)
suelo patrio (m)	*native soil*
tierra adentro	*inland*
litoral (m)	*coast*

Fill in the gaps in the sentences below with an appropriate word from the list. Each sentence contains a main point from the article you have just read.

> **rurales   calurosas   poder   extranjero   joven**
> **habitantes   viaje   ciudades   mayor**
> **viajeros   adinerados   viejas**

(a) En España, la gente _____ viaja más que la gente _____

(b) Aquéllos con mayor _____ económico viajan más que los menos _____

(c) Los que viven en zonas _____ salen menos que los que residen en grandes _____

(d) Los _____ del centro y del norte son más _____ que los que viven en el sur.

(e) La mayor parte de los españoles realiza sólo un _____ al año, y muy pocos viajan al _____

8 What sort of holidays do most people in your country prefer, organized tours or independent travel? And what do they like to do when they go on holiday? Read the following passage and compare their preferences with those of Spaniards, and then answer the questions below.

No nos gusta ir todo el día detrás de un guía

A los españoles nos encanta el viaje organizado, pero mucho menos que al resto de los europeos. Buscamos la seguridad de que alguien se responsabilice de nosotros, aunque los paquetes turísticos ofertados a los españoles son bastante abiertos, dejan tiempos libres y dan opciones diferentes dentro de un mismo viaje, porque se sabe que nuestra idiosincrasia hace que no nos guste ir a todas horas detrás de un guía. Por otra parte, a los españoles nos interesa visitar monumentos, museos, parques naturales ... Hay una inquietud cultural manifiesta.

(Revista Quo)

(a) ¿Qué prefieren los españoles, el viaje organizado o el viaje independiente?

(b) ¿Qué prefieren hacer en sus vacaciones?

Consolidación

You are going to meet a Spanish-speaking friend who is anxious to hear about your recent holiday. Prepare first a written version of what you are going to say to your friend. He'll probably also want to know about your plans for the next holiday, so be prepared! Use these questions as a guideline:

¿Dónde fuiste? **¿En qué viajaste?** **¿Cuánto tiempo estuviste allí?** **¿Qué hiciste durante las vacaciones?** **¿Con quién fuiste?**	**¿Dónde te quedaste?** **¿Cómo lo pasaste?** **¿Cuándo volviste?** **¿Qué planes tienes para** **tus próximas vacaciones?**

6 | UN LUGAR DONDE VIVIR

Objetivos

■ Ask for information about accommodation
■ Book into a hotel
■ State requirements regarding accommodation
■ Describe a place in terms of location, size, facilities
■ Ask and say what something costs

Tema

Finding a place to stay or live is the main theme of this unit. You will have practice in writing letters and using the phone to book a room or rent a flat, and you will learn to describe the place where you live. A reading passage from a Spanish magazine considers the reasons why young Spanish people tend to live with their parents even at the age of 30.

 Diálogos

1 Reservando una habitación

Martin Baron, su mujer Susan y sus dos hijos están de vacaciones en España. Desde Madrid, Martin llama por teléfono al Hotel San Marcos de Marbella para reservar una habitación.

Recepcionista   Hotel San Marcos, ¿dígame?

Martin   Buenos días. ¿Podría decirme si tiene habitaciones disponibles para la última semana de agosto?

Recepcionista   Sí, señor, sí tenemos. ¿Qué tipo de habitación desea Vd.? ¿Individual o doble?

───── HOTEL SAN MARCOS ─────

**COMODIDAD, ELEGANCIA Y DISTINCIÓN EN PLENO
CENTRO DE MARBELLA Y A SOLO CINCUENTA METROS
DE LA PLAYA**

* Habitaciones individuales y dobles (*)   (*) Descuentos especiales para niños
* Media pensión o pensión completa
* Aire acondicionado
* TV color vía satélite
* Frigorífico
* Tres grandes piscinas
* Discoteca
* Tiendas para uso exclusivo de nuestros clientes

PARA INFORMACIÓN Y RESERVAS LLAME AL TELÉFONO 83 41 02 DE MARBELLA O CONSULTEA
SU AGENCIA DE VIAJES

Martin	Perdone, pero no se oye bien. ¿Podría repetir?
Recepcionista	Le pregunto si quiere una habitación individual o doble.
Martin	Bueno, somos dos adultos y dos niños pequeños. Necesitamos una habitación con una cama de matrimonio y dos camas individuales para los chicos.
Recepcionista	Perfectamente.
Martin	Tengo entendido que hay un descuento especial para los niños. ¿No es así?
Recepcionista	Sí, efectivamente, hacemos un descuento del 25 por ciento por cada niño. En total, incluido el descuento, la habitación le saldría a dieciocho mil pesetas.
Martin	¿El desayuno está incluido en el precio de la habitación?
Recepcionista	No, señor, el desayuno se paga aparte. El desayuno continental vale 540 pesetas. También tenemos un servicio de restaurante en caso de que Vd. prefiera tomar media pensión o pensión completa.
Martin	No, sólo tomaremos la habitación con desayuno.
Recepcionista	Muy bien, ¿y para qué fecha la quiere Vd.?
Martin	A partir del veinticuatro de agosto.
Recepcionista	¿Y para cuántas noches?

Martin	Siete noches en total. Hasta el 30 de agosto inclusive.
Recepcionista	Del veinticuatro ... al ... treinta de agosto ... Me dice su nombre, por favor.
Martin	Martin Baron.
Recepcionista	Perdone, ¿cómo ha dicho?
Martin	Martin Baron.
Recepcionista	¿Cómo se escribe, por favor?
Martin	B-a-r-o-n, Baron.
Recepcionista	Muy bien señor Baron.
Martin	Ah, ¿oiga?
Recepcionista	Sí, ¿dígame?
Martin	¿Tienen Vds. aparcamiento en el hotel? Vamos a viajar en coche.
Recepcionista	Sí, señor, tenemos un aparcamiento para uso exclusivo de los clientes.
Martin	¡Estupendo! Adiós, muchas gracias.
Recepcionista	De nada, adiós.

disponible	available
Tengo entendido que ...	I understand that ...
descuento (m)	discount
media pensión (f)	half board
pensión completa (f)	full board
A partir de ...	Starting on ...

✳ Notas explicativas

(a) Le **saldría** a 18.000 pesetas.   *It would cost you 18.000 pesetas.*

Notice this special use of the verb **salir**, here *to come to, to cost*. Here are other examples:

Me **salió** muy caro.   *It cost me a lot of money.*
¿Cuánto **sale**?   *How much did it come to?*
La cena **salió** a 5.000 pesetas.   *Dinner came to 5.000 pesetas.*

(b) Observe the use of **se** in:

No **se** oye bien.   *I can't hear well* (Lit. *one can't hear well*).

Se paga aparte.   *It is paid separately.*

¿Cómo **se** escribe?   *How do you spell it?*

For the use of **se** see **Notas gramaticales** on page 88.

Ejercicio de comprensión

Answer the following questions in Spanish.

(a) ¿Qué tipo de habitación necesita Martin Baron?
(b) ¿Para cuándo quiere la habitación y para cuánto tiempo?
(c) ¿Cuánto cuesta la habitación?
(d) ¿Está incluido el descuento para los niños?

 ## 2 Buscando un apartamento

Elizabeth Reed trabaja para una empresa multinacional en Barcelona. Elizabeth necesita alquilar un apartamento y llama por teléfono a una inmobiliaria.

Empleado   Sí, ¿dígame?

Elizabeth   Buenas tardes. He visto en La Vanguardia un anuncio de un apartamento que se alquila en la calle Pelayo. ¿Podría decirme si está disponible todavía?

Empleado   Sí, ¿quiere esperar un momento, por favor? Ahora le pongo con la persona encargada.

Empleada   Sí, ¿diga?

Elizabeth   Buenas tardes, llamo por el anuncio del apartamento que se alquila en la calle Pelayo. ¿Estará disponible todavía?

Empleada   Sí, un momento, por favor ... pues, tal como pone el anuncio, es un apartamento muy pequeño, de veinticinco metros cuadrados, tiene un aseo con ducha y cocina americana. Y está amueblado. Está muy bien de precio, sesenta y cinco mil pesetas solamente.

Elizabeth   Es justamente lo que busco. Necesito algo que no sea demasiado caro y que esté cerca de mi oficina. Yo trabajo en el centro. ¿En qué piso está?

Empleada   Está en el cuarto piso, pero tiene ascensor. Es un apartamento muy bonito, es exterior y está en perfecto estado. Lo acaban de pintar. Tiene agua caliente, teléfono …

Elizabeth   ¿Sería posible verlo esta misma tarde?

Empleada   Sí, no creo que haya problema. Por qué no pasa Vd. por aquí entre las tres y las cuatro y la acompañaré yo misma. ¿Tiene Vd. nuestra dirección?

Elizabeth   Sí, sí la tengo, gracias.

alquilar	*to rent*
inmobiliaria (f)	*accommodation agency, estate agent*
anuncio (m)	*advertisement*
Le pongo con …	*I'll put you through to …*
encargado(a)	*person in charge*
Tal como pone el anuncio	*Just as the advertisement says*
aseo (m)	*small bathroom*
cocina americana (f)	*open plan kitchen*
amueblado	*furnished*
estado (m)	*condition*
Lo acaban de pintar.	*They have just painted it.*
pasar por	*to come round*

✳ Notas explicativas

(a) Observe the use of **estar** in:

Está disponible.   *It is available.*
Está amueblado.   *It is furnished.*
Está muy bien de precio. *It is very well priced.*

Then consider the use of **ser** in:

Es un apartamento muy pequeño. *It is a very small apartment.*
Es muy bonito.   *It is very nice.*

For a revision of the use of **ser** and **estar** see **Notas gramaticales**.

(b) Notice the use of the *present subjunctive* in:

Necesito algo que no **sea** demasiado caro y que **esté** cerca de mi oficina.   *I need something which is not too expensive and which is near my office.*

No creo que **haya** problema.   *I don't think there will be any problem.*

For the present subjunctive see **Notas gramaticales**.

¿Verdadero o falso?

(a) El apartamento de la calle Pelayo está alquilado.
(b) El apartamento tiene un gran baño.
(c) Tiene una cocina con muebles americanos.
(d) El apartamento da a la calle.
(e) Está en el centro de Barcelona.

Frases y expresiones importantes

Asking for information about accommodation

¿Podría decirme si tiene habitaciones disponibles …?	*Could you tell me if you have rooms available?*
¿Podría decirme si está disponible todavía?	*Could you tell me if it is still available?*
¿Estará disponible todavía?	*Is it still available?*

Booking into a hotel

Tomaremos la habitación con desayuno.	*We'll take the room with breakfast.*
¿Para qué fecha?	*For what date?*
A partir del 24 de agosto.	*Starting on 24th August.*

Stating requirements for accommodation

Necesitamos una habitación con una cama de matrimonio.	*We need a room with a double bed.*
Necesito algo que no sea demasiado caro.	*I need something which is not too expensive.*

Describing a place in terms of location, size, facilities

Está en el cuarto piso.	*It is on the fourth floor.*
Es un apartamento muy pequeño.	*It is a very small apartment*
Tenemos un aparcamiento.	*We have a car park.*

Asking and saying how much something costs

Vale 540 pesetas.	*It costs 540 pesetas.*
Le saldría a 18.000 pesetas.	*It would come to/cost 18.000 pesetas.*

> **Other ways of asking and saying what something costs**
>
> | | |
> |---|---|
> | ¿Cuánto cuesta/vale? | *How much does it cost?* |
> | ¿Qué precio tiene?, | *What is the price?* |
> | ¿Cuál es el precio? | |
> | Cuesta/vale 100 libras. | *It costs 100 pounds* |
> | ¿Cuánto sale? | *How much does it come to?* |

Notas gramaticales

1 Ser and estar

Observe the use of **ser** in these sentences from the dialogues:

To denote characteristics:

Es un apartamento pequeño.   *It is a small apartment.*

With impersonal expressions such as **es posible, es mejor, es difícil**:

¿**Sería** posible verlo?   *Would it be possible to see it?*

With figures:

Somos dos adultos.   *We are two adults.*

Consider now the use of **estar** in these sentences:

To indicate position:

Está en el cuarto piso.   *It is on the fourth floor.*

To denote a temporary state or condition:

Está en perfecto estado.   *It is in perfect condition.*

Before a past participle to denote a condition resulting from an action:

Está amueblado.   *It is furnished.*

2 Se

Notice how **se** has been used in the dialogues.

In a passive sentence:

El desayuno **se** paga aparte.   *Breakfast is paid separately.*

In passive sentences with **se**, the verb agrees in number (singular or plural) with the subject. Compare the previous sentence with this one:

Las bebidas **se pagan** aparte.   *The drinks are paid separately.*

In an impersonal sentence:

No **se** oye bien.   *One can't hear well.*

3 Para and por

Observe the use of **para** in these phrases from the dialogues.

To denote length of time:

¿**Para** cuántas noches?   *For how many nights?*

With time phrases:

¿**Para** qué fecha?   *For what date?*

To indicate destination:

Dos camas **para** los chicos.   *Two beds for the children.*

Notice how **por** has been used in these phrases:

With the meaning of **per**:

Un descuento del 25% **por**   *A 25% discount per child.*
   cada niño.

With the meaning of *about*:

Llamo **por** el anuncio.   *I am calling about the
                                     advertisement.*

To indicate movement:

¿Por qué no pasa Vd. **por**   *Why don't you come round?*
   aquí?

4 Present subjunctive

Consider the use of the present subjunctive in these sentences from the
dialogues:

To state requirements or needs with regard to something which does not
yet exist;

Necesito algo que no **sea**   *I need something which is not
   demasiado caro y que   too expensive and which is
   esté cerca de mi oficina.   near my office.*

To denote doubt:

No creo que **haya** problema.   *I don't think there will be any problem.*

Formation

The present subjunctive is formed from the first person singular of the present indicative, e.g. **tomo** (*I take*), **bebo** (*I drink*), **escribo** (*I write*). Drop the **-o** and add the corresponding endings: one set of endings for **-ar** verbs and another one for those ending in **-er** and **-ir**. Examples:

tomar	beber	escribir
tom**e**	beb**a**	escrib**a**
tom**es**	beb**as**	escrib**as**
tom**e**	beb**a**	escrib**a**
tom**emos**	beb**amos**	escrib**amos**
tom**éis**	beb**áis**	escrib**áis**
tom**en**	beb**an**	escrib**an**

Nota: Verbs which are irregular or stem-changing in the first person singular of the present tense are also irregular or stem-changing in the present subjunctive. For example:

Infinitive	Present indicative	Present subjunctive
tener	ten**go**	ten**ga**
salir	sal**go**	sal**ga**
conocer	cono**zco**	cono**zca**

More information on the use of this tense is on page 86.

✓ Repaso

1 ¿Ser o estar?

Select the correct verb and its form.

El Hotel Doña Barbara (**es/está**) situado en pleno centro de Caracas y (**es/está**) uno de los mejores de la ciudad. El Hotel Doña Barbara (**es/está**) dotado de todo lo necesario para el turista exigente. El servicio de restaurante y de bar (**es/está**) de excelente calidad y a pesar de su elegancia, sus precios (**son/están**) relativamente módicos para el turista europeo. En el Hotel Doña Barbara le (**será/estará**) posible disfrutar de un verdadero descanso y si Vd. (**es/está**) acompañado de sus hijos, la dirección del hotel le ofrecerá generosos descuentos para ellos.

2 ¿Por o para?

Choose **por** or **para** from the brackets.

A Buenos días. Llamo (**por/para**) reservar una habitación (**por/para**) este fin de semana.

B ¿Es (**por/para**) una persona solamente?

A No, quiero una habitación doble.

B ¿(**Por/para**) cuántas noches la quiere?

A (**Por/para**) tres noches solamente, de viernes a domingo. Llegaremos allí el viernes (**por/para**) la tarde. ¿Tienen Vds. aparcamiento (**por/para**) los clientes?

B No, nosotros no tenemos. Pero enfrente del hotel hay un aparcamiento. Me parece que vale 1.000 pesetas (**por/para**) día ...

A ¿Y cuánto cobran Vds. (**por/para**) la habitación doble con media pensión?

B Diez mil pesetas (**por/para**) persona ...

3 Choose the correct tense, present indicative or present subjunctive.

(a) Quiero una habitación que (**es/sea**) tranquila.

(b) Necesito un piso que (**está/esté**) cerca de aquí.

(c) Creo que no (**es/sea**) caro.

(d) Prefiero un hotel que (**tiene/tenga**) piscina.

(e) No creo que ella (**va/vaya**) a España.

(f) Busco a una señora que se (**llama/llame**) Carmen Paz.

☑ Actividades

1 Carol Wilson wrote to the Hotel Don Quijote in Gandía to book a room. Read her letter and then use it as a model to make your own hotel booking using some of the words and phrases below.

```
Muy señores míos:
El objeto de la presente es solicitar a Vds.
la reserva de una habitación doble, con dos
camas y con baño, a partir del sábado 28 de
agosto próximo y hasta el 13 de septiembre
inclusive.
Les ruego que me confirmen la reserva a la
brevedad posible.
Les saluda muy atentamente.
Carol Wilson
```

---

les ruego que me confirmen   *please confirm*
a la brevedad posible   *as soon as possible*

Palabras y frases útiles
una habitación doble/individual   *a double/single room*
con cama de matrimonio/   *with a double bed/single beds*
**   cama doble/camas individuales**
con/sin (cuarto) de baño   *with/without bathroom*
una habitación exterior/   *a room with a view/with a seaview/*
**   con vista al mar/con terraza**   *with balcony*

---

2 You and some friends would like to spend a month in Fuengirola. In a local newspaper (*Diario Sur*) you see this advertisement and you decide to phone to ask for more information.

> **FUENGIROLA** Alquilo, por meses o larga temporada, o vendo apartamento paseo marítimo (Torreblanca), 2 dormitorios, baño, gran salón-comedor. Teléfono (952) 473078

Señora   ¿Dígame?

Tú   (*Say you are ringing about the ad in Diario Sur.*)

Señora   Ah, por el apartamento.

Tú   (*That's it. Say you are looking for something to rent. Ask her to give you more information about the apartment.*)

Señora   Pues, es un apartamento nuevo, con vista al mar y muy tranquilo. Tiene dos habitaciones, además del salón–comedor, la cocina y el baño.

Tú   (*Say you need something which is available immediately.*)

Señora   El apartamento está disponible ahora mismo.

Tú   (*Well, you are also looking for something which is not too expensive. Ask how much the monthly rent is.*)

Señora   Bueno, es un precio muy razonable. Ciento ochenta mil pesetas por mes.

Tú   (*Thank her and say that is too much for you.*)

3 Tony, a student from London, received the following letter from his Spanish correspondent in Barcelona. Read the letter and then answer the questions.

Querido Tony:

En mi carta anterior te escribí sobre mi familia.
Hoy te contaré algo sobre el lugar donde vivimos,
que es muy especial.

Como te decía, vivo con mis padres y mis dos
hermanos menores. Tenemos un piso muy grande
y muy antiguo en el Paseo de Gracia, una de las
calles principales de Barcelona, en pleno centro de
la ciudad. Aquí vivió mi padre cuando era niño y
aquí he vivido siempre.

El piso está en un edificio muy bonito, de
principios de siglo, que está muy bien conservado.
Tiene un gran salón, un comedor también muy
grande, y cinco habitaciones más. Una de ellas la
utiliza mi padre como despacho. Mis dos hermanos
comparten uno de los dormitorios. Yo tengo mi
propia habitación. Y para cuando tú vengas a
Barcelona, tenemos una habitación para las visitas
también.

El salón da a la calle, una calle muy ruidosa,
pero con una arquitectura muy interesante. Mi
habitación, afortunadamente, es interior, de manera
que no me despierta el ruido del tráfico por la
mañana. Los fines de semana suelo dormir hasta
muy tarde.

En el barrio tenemos todo lo que necesitamos:
supermercados, tiendas de ropa, grandes almacenes
-el Corte Inglés está muy cerca de aquí-, buenos
restaurantes, cafés, etc. En la esquina hay una
estación de metro, la de Paseo de Gracia, donde
cojo el metro para ir al instituto. Allí también
cogemos el tren para ir a Sitges el fin de semana.
Te llevaré allí cuando vengas a verme. Estoy seguro
de que te gustará. ¡Tiene mucha marcha!

Me preguntas si seguiré viviendo con mi familia

cuando vaya a la universidad. Por cierto que me
gustaría mucho vivir independientemente, pero no
creo que pueda hacerlo ya que aquí alquilar un piso
cuesta una fortuna. No es como en Inglaterra. Aquí
no tenemos más alternativa que seguir viviendo con
la familia. Cuando trabaje, quizá sí, entonces tendré
dinero suficiente para alquilar mi propio piso o
compartir con algún amigo, pero de momento no.
Tampoco me puedo quejar puesto que en casa estoy
muy bien.

   ¿Y tú qué tal? Me dices que el próximo año te
irás a vivir fuera de Londres y que tendrás que
encontrar un lugar donde vivir. Espero que tengas
suerte. Algún día iré a visitarte. Mientras tanto,
escríbeme y cuéntame de ti.

                                        Un abrazo
                                          Paco

en pleno centro	right in the centre
edificio (m)	building
principios de siglo	beginning of the century
bien conservado	well preserved
despacho (m)	study
compartir	to share
ruidoso(a)	noisy
grandes almacenes (m pl)	department store
Tiene mucha marcha.	There's a lot going on there.
por cierto	of course, naturally
quejarse	to complain
puesto que	as

Answer the following questions in Spanish.

(a) ¿Con quién vive Paco?
(b) ¿Cómo es el piso donde vive?
(c) ¿Cómo es el edificio?
(d) ¿Cuántas habitaciones tiene?
(e) ¿Comparte habitación Paco?

(f) ¿Cómo es la calle donde vive?

(g) ¿Dónde está la estación de metro más cercana?

(h) ¿Por qué seguirá viviendo con su familia Paco cuando vaya a la universidad?

 4 ¡A escuchar!

(a) **Un nuevo piso:** Pablo is going to share a flat with some friends. In a conversation with Soledad he described the place where he is going to live. A rather inaccurate description of Pablo's flat made later that day by Soledad to a friend follows. Can you correct it? Listen to the dialogue if you have the cassette or read the text, which is on page 206.

'Pablo se ha mudado a un piso estupendo a sólo veinticinco minutos de la Plaza Mayor. Es un piso de dos habitaciones, pero no tiene vistas. Va a compartirlo con un amigo y van a pagar ciento cuarenta mil pesetas mensuales.'

búsqueda (f)	*search*
mudado	*moved (house)*

(b) **Hotel O'Higgins:** The Hotel O'Higgins in Viña del Mar, Chile, is announcing a special offer. Listen to this radio commercial, if you have the cassette, or read the transcript on page 207, and then answer the questions which follow. Here are some key words.

impuesto (m)	*tax*
merecido	*deserved*

¿Verdadero o falso?

  (i) La oferta especial es válida para niños menores de doce años.

 (ii) Los niños se pueden quedar con dos adultos por la mitad del precio.

(iii) La oferta es válida sólo por tres noches.

(iv) El desayuno y el impuesto están incluidos en el precio.

5 A group of young Europeans were asked why many of them continued living with their parents after leaving school.

Can you think of some reasons why young people might stay at home? Try listing them in Spanish in order of importance and then compare your answers with those in the following chart.

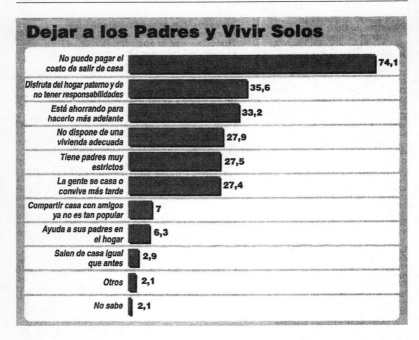

Dejar a los Padres y Vivir Solos

No puede pagar el costo de salir de casa	74,1
Disfruta del hogar paterno y de no tener responsabilidades	35,6
Está ahorrando para hacerlo más adelante	33,2
No dispone de una vivienda adecuada	27,9
Tiene padres muy estrictos	27,5
La gente se casa o convive más tarde	27,4
Compartir casa con amigos ya no es tan popular	7
Ayuda a sus padres en el hogar	6,3
Salen de casa igual que antes	2,9
Otros	2,1
No sabe	2,1

(El Mercurio, Chile)

The following article looks at this issue from the point of view of young Spanish people. Why do you think many of them continue living with their parents well into their twenties? Read and find out.

VIVIR CON MAMÁ A LOS 30, UNA MODA IMPUESTA POR LAS CIRCUNSTANCIAS

En España es muy normal que los jóvenes de 25 a 30 años e incluso de más edad vivan aún con los padres, hecho insólito para otras culturas como la europea o americana. Allí los jóvenes no suelen quedarse con sus padres más allá de los 20 años. Esta permanencia prolongada, en opinión de algunos sociólogos y psicólogos, puede provocar sentimientos de inferioridad. Los padres tampoco se sienten muy felices.

En Estados Unidos, cuando el chico cumple los 18 años e inicia sus estudios universitarios se marcha de casa. Normalmente suele matricularse en una universidad que queda lejos de su ciudad e incluso fuera de su Estado. Las chicas y muchachos americanos emigran de sus casas a una edad temprana, en la mayoría de los casos para siempre, pues si acaso regresan a su ciudad para trabajar, vivirán solos en un apartamento, o en el peor de los casos compartiéndolo con algún amigo.

En España esa mentalidad independentista se inició años atrás, pero se ha truncado. Alfonso de Hohenlohe, 30 años, aristócrata y conspicuo representante de la *jet* española, piensa que vivir con los padres resulta más cómodo. Él aún comparte techo con su madre y afirma, *'mi relación con ella es perfecta, tiene una mentalidad jovencísima y es fácil convivir con ella, si no, no dudaría en vivir solo. Desde luego es más cómodo vivir en familia porque no te tienes que ocupar de nada, ahorras y tienes independencia, como es mi caso. La casa además es amplia y confortable'.*

Para el español Alfonso Ibáñez, administrativo, 33 años viviendo con sus padres, esa es otra historia. Él sigue todavía viviendo en la casa que le vio nacer y eso le supone una carga difícil de llevar. *'La situación – dice – es a menudo exasperante, notas una asfixia que impide desarrollar tu personalidad. No se trata, por supuesto, de que a mis 33 años me limiten la libertad, sino que uno necesita más que un cuarto de tres por dos en donde tener su propia intimidad.'*

Falta de espacio. – Este sentimiento de Alfonso es compartido por muchos de los que viven con los padres pasados los 20. La falta de independencia y la ausencia de un espacio propio donde tener relaciones íntimas son las mayores y más dolorosas inconveniencias que apuntan todos aquellos que padecen esta situación …

Y es que en España las cosas son diferentes. Para asombro de extraños, es muy normal encontrar en este país hombres y mujeres que, superada ampliamente ya la etapa de juventud, aún comparten vivienda con sus progenitores. *'Ahora* (señala el sociólogo Amando de Miguel) *se ha invertido la tendencia que se daba en los años sesenta y principios de los setenta cuando los jóvenes buscaban su independencia y marchaban a vivir solos o en grupos de amigos en viviendas de alquiler. La vocación emancipadora se ha roto y se ha reinstaurado la costumbre de no salir de la casa paterna hasta el casamiento.'*

Dulce confort. – Hay que referirse a la cuestión económica como principal responsable de esta situación. Entre los 16 y 29 años el paro alcanza la inquietante cifra de 40 por ciento. Sin un salario que recibir mensualmente es imposible pensar en independizarse, al menos aquí en España …

(*Revista Tiempo Nº 316, España*)

insólito	unusual
temprano(a)	*early*
si acaso	*if*
truncarse	*to cut short*
ahorrar	*to save*
carga (f)	*burden*
doloroso(a)	*painful*
padecer	*to suffer*
asombro (m)	*surprise*
etapa (f)	*stage*
progenitores (m pl)	*parents*
romperse	*to break*
alcanzar	*to reach*
inquietante	*disturbing*

Read the text again and see how the following phrases have been used.
For each of them write an alternative phrase expressing the same idea.
In the answer key you will find some examples.

(a) Comparte techo con su madre.

(b) Emigran de sus casas a una edad temprana.

(c) Mi relación con ella es perfecta.

(d) No te tienes que ocupar de nada.

(e) La casa que le vio nacer.

(f) Este sentimiento es compartido por muchos.

(g) Aún comparten vivienda con sus progenitores.

(h) La vocación emancipadora se ha roto.

Consolidación

Answer these questions about yourself and then use the answers to write
a letter of about 100–150 words describing the place where you live. Use
as a guideline the letter written by Paco in Exercise 3 of **Actividades**.

(a) ¿Con quién vives?

(b) ¿Vives en una casa o en un piso?

(c) ¿Es propio(a) o alquilado(a)?

(d) ¿Cómo es la casa/el piso?

(e) ¿Cuántas habitaciones tiene? ¿Cuáles son?

(f) ¿Te gusta la casa/el piso? ¿Por qué sí/no?

(g) ¿Cómo es la calle donde está situado(a)?

(h) ¿Cómo es el barrio?

(i) ¿Hay alguna estación de metro/estación de ferrocarril/parada de autobús cerca de la casa/del piso?

(j) ¿Qué tal son los vecinos?

(k) ¿Piensas continuar viviendo allí? ¿Por qué sí/no?

7 ¿POR DÓNDE SE VA?

Tema

Unit 7 focuses on asking and giving directions and on transport. The exercises in this unit will give you ample opportunity to practise, through the use of authentic material such as maps and train timetables, the relevant key phrases and expressions.

Diálogos

1 ¿Qué línea tengo que tomar?

Mark Johnson, un turista de visita en Madrid, pregunta cómo ir a la estación de Chamartín. Mark está en la estación de metro Sol.

Mark   Perdone, ¿qué línea tengo que tomar para ir a la estación de Chamartín?

Empleado   Coja la línea 1 hasta Plaza de Castilla y allí cambie a la línea 8 en dirección a Fuencarral.

Mark   Gracias.

Empleado   De nada.

línea (f)	line
coger	to take

✳ Notas explicativas

(a) In Spanish, as in English, directions are normally given with the imperative or command form, e.g. **coja** (*take*), **cambie** (*change*). See **Notas gramaticales** on page 106.

(b) **Coger** and **tomar** (*to take*), are interchangeable in this context. **Coger,** however, seems to be more frequent in Spain. In certain Latin-American countries, notably Argentina, **coger** is a taboo word and it is better to avoid it. **Tomar** will be understood everywhere.

¿Verdadero o falso?

(a) Mark desea ir a la estación de Chamartín.
(b) La línea 1 va directo a Chamartín.
(c) Mark tiene que cambiar a la línea 8 en Fuencarral.

2 ¿A qué hora llega el expreso?

Mark ha ido a la estación de Chamartín a buscar a un amigo que viene de Zaragoza. En información Mark pregunta por la llegada del tren.

Mark	Por favor, ¿a qué hora llega el expreso que viene de Zaragoza?
Empleada	La hora de llegada es a las catorce treinta, pero hoy viene con veinte minutos de retraso. Llegará a las catorce cincuenta.
Mark	¿A qué andén llega?
Empleada	No lo sé, tiene que mirar el tablero de llegadas.
Mark	Gracias.
Empleada	De nada.

llegada (f)	*arrival*
retraso (m)	*delay*
andén (m)	*platform*
tablero (m)	*board*

 Notas explicativas

Notice the use of the 24-hour clock, normally used by officials in public places such as railway stations. Although you need to understand it you don't have to use it as people use phrases such as **(las siete) de la mañana**, (*7 o'clock*) *in the morning*, **(las siete) de la tarde**, (*7 o'clock*) *in the evening*, to refer to a.m. and p.m. respectively.

Ejercicio de comprensión 1

Answer the following questions in Spanish, using the 12-hour clock.

(a) ¿A qué hora llega normalmente a Madrid el expreso de Zaragoza?
(b) ¿Con cuántos minutos de retraso llegará hoy?
(c) ¿A qué hora llega?

3 Sigan todo recto

Mark y su amigo Robert están en un hotel en la calle de la Magdalena. En su segundo día en Madrid deciden visitar el Museo del Prado. En la recepción del hotel preguntan cómo llegar hasta allí.

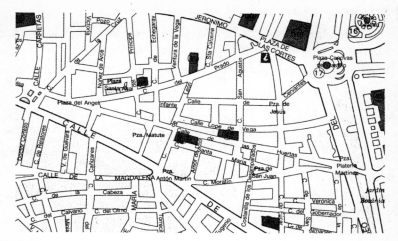

Robert	Buenos días
Recepcionista	Buenos días, señor. Dígame.
Robert	Por favor, ¿nos puede decir por dónde se va al Museo del Prado?
Recepcionista	Sí, miren, al salir del hotel tuerzan ustedes a la derecha y vayan hasta la Plaza Anton Martín que está a cien metros de aquí. Allí cojan la calle de León que está a la izquierda y sigan hasta la calle Lope de Vega. Sigan todo recto por Lope de Vega hasta llegar al Paseo del Prado. Al otro lado del Paseo está el Museo.
Robert	Muchas gracias. Dígame, ¿hay alguna oficina de correos por aquí?
Recepcionista	No, por aquí no. Pero si es para comprar sellos, en la Plaza de Antón Martín hay un estanco. Allí venden sellos.
Robert	Gracias, adiós.
Recepcionista	Adiós, buenos días.

sigan todo recto	*go straight on*
tuerzan (torcer)	*turn (to turn)*
hasta llegar a	*until you get to*
estanco (m)	*tobacco shop*

✳ Notas explicativas

¿Por dónde se va a ...?   *Which is the way to?* (Lit. *Which*
                                            way does one go to ...?)

This is an impersonal expression and a very useful form of asking the way.

Ejercicio de comprensión 2

After leaving the hotel, Robert repeated the directions given by the receptionist to Mark in English. Complete Robert's version of the directions: '*First we have to turn ...*'.

📼 4   Se puede ir en tren o en autocar

Mark y Robert quieran viajar a Toledo, ciudad que está a 70 km de Madrid. En una agencia de viajes piden información.

Empleada	Buenos días, ¿que desean?
Mark	Por favor, ¿podría decirnos cómo podemos viajar a Toledo?
Empleada	A Toledo se puede ir en tren o en autocar. Los trenes salen de la estación de Atocha y los autocares de la estación Sur, en la calle Canarias.
Mark	¿Sabe usted cuál es el horario de los trenes?
Empleada	Hay trenes cada hora, a la hora exacta, a partir de las siete de la mañana y hasta las veintitrés horas.
Mark	¿Dónde está la estación de Atocha?
Empleada	Pues, tienen que coger la línea 1 del metro. Pueden cogerla aquí en Sol. Les llevará directo.
Mark	¿Tiene usted un folleto informativo sobre Toledo?
Empleada	No, de Toledo no nos queda ninguno, pero en la estación quizá puedan conseguir uno.
Mark	Muchas gracias. Adiós.
Empleada	No hay de qué.

autocar (m)	*coach*
folleto informativo (m)	*information brochure*
quedar	*to be left*
No hay de qué.	*You're welcome.*

Notas explicativas

(a) **Se puede ir** en tren o en autocar. *You can go by train or coach.*

Notice here the impersonal phrase **se puede ir** (Lit. *one can go*). An alternative would be:

> **Pueden ir** en tren o en autocar.   *You can go by train or coach.*

(b) **Quizá puedan** conseguir uno.   *Perhaps you'll be able to get one.*

Because **quizá** expresses doubt, the verb here, **poder**, is in the present subjunctive.

Ejercicio de comprensión 3

Complete these phrases with information from the dialogue:

(a) A Toledo se puede ir en (means of transport) …
(b) Los trenes salen de (name of station) …
(c) Los autocares salen de (name of coach station) …
(d) Hay trenes (frequency) …
(e) El primer tren sale a las (time) …
(f) El último tren sale a las (time) …

Frases y expresiones importantes

Asking the way

¿Dónde está …?	*Where is it?*
¿Nos puede decir por dónde se va a …?	*Can you tell us how we can get to …?*

Other ways of asking the way

¿La ruta/carretera/autopista para … por favor?	*The road/highway/motorway for … please?*
¿En qué dirección está …?	*In which direction is …?*

Giving directions

Tuerza/doble a la derecha.	*Turn right.*
Vaya hasta …	*Go as far as …*
Siga hasta la calle …	*Continue as far as … street.*
Siga todo recto	*Go straight on*
Tome/coja …	*Take …*

Other ways of giving directions

Suba/baje por esta calle.	*Go up/down this road.*
Está al lado de/junto a	*It is next to*
Está en la esquina.	*It is in the corner.*
cruce ...	*cross ...*
Está al lado	*It is next door*
Está enfrente de ...	*It is opposite ...*
Está entre ... y ...	*It is between ... and ...*

Asking and giving information about transport

¿Qué línea tengo que tomar/coger?	*What line do I have to take?*
Tome/coja la línea 1.	*Take line 1.*
Cambie/transborde a ... en ...	*Change on to ... at ...*
¿Podría decirme/nos cómo puedo/ podemos viajar a ...?	*Can you tell me/us how I can/ we can travel to ...?*
¿A qué hora llega el expreso?	*What time does the express train arrive?*
La hora de llegada es a las ...	*The arrival time is ...*
Llega/llegará a las ...	*It arrives/it will arrive at ...*
Sale(n) de ...	*It/they leave from ...*
Hay (trenes) cada hora.	*There are (trains) every hour.*

Notas gramaticales

The imperative – giving commands

Directions are normally given with the imperative, e.g. **cruce la calle** (*cross the street*), **suba por esta avenida** (*go up along this avenue*). The imperative is the same as the third person singular of the present subjunctive (see Unit 6). As with the subjunctive, you use the stem of the first person singular of the present tense plus the appropriate ending. In Spanish, you use different imperative forms depending on who you are talking to (polite or familiar) and whether you are speaking to one, or more than one, person (singular or plural).

(a) **Polite imperatives**

Here are the polite imperatives of three regular verbs: **doblar** (*to turn*), **retroceder** (*to go back*), **subir** (*to go up*):

Present tense (1st person)	Imperative	
doblo	dob**le**	*turn* (sing)
	dob**len**	*turn* (pl)
retrocedo	retroced**a**	*go back* (sing)
	retroced**an**	*go back* (pl)
subo	sub**a**	*go up* (sing)
	sub**an**	*go up* (pl)

Notas: (i) The negative imperative is formed by placing **no** before the verb, e.g. **no** doble aquí, (*don't turn here*). (ii) As the imperative is formed with the stem of the 1st person singular of the present tense, verbs which are irregular in the present are also irregular in the imperative, e.g. **vengo** (*I come*), **venga** (*come*).

(b) **Positive familiar imperatives**

Familiar imperatives have different positive and negative forms:

Present tense (1st person)	Imperative (sing/pl)	
doblo	dobl**a/d**	*turn*
retrocedo	retroced**e/d**	*go back*
subo	sub**e/id**	*go up*

Nota: Irregular forms: di (decir), haz (hacer), ve (ir), oye (oín), pon (poner), sal (salir), ten (tener), ven (venir), sé (ser).

(c) **Negative familiar imperatives**

Present tense (1st person)	Imperative (sing/pl)	
doblo	no dobl**es**	*don't turn*
	no dobl**éis**	*don't turn*
retrocedo	no retroced**as**	*don't go back*
	no retroced**áis**	*don't go back*
subo	no sub**as**	*don't go up*
	no sub**áis**	*don't go up*

(d) **Pronouns with imperatives**

If the imperative includes a pronoun, this must go at the end of the positive form but before the negative one. Positive imperatives which carry a pronoun may need to add an accent, e.g. **bajarse** (*to get off*): **bájese** (*get off*), **no se baje** (*don't get off*).

✔ Repaso

Change the imperative into the familiar form.

Para llegar a mi oficina **coja** el autobús número 4 y **bájese** en la plaza Isabel La Católica. **Cruce** la plaza en dirección a la Catedral y **suba** por la calle de la Catedral hasta el primer semáforo. La empresa donde trabajo está justo en la esquina. **Suba** en el ascensor hasta el quinto piso. Al salir del ascensor encontrará un pasillo. **Siga** por el pasillo hasta el fondo. Mi oficina es la 510 y está a la mano izquierda.

✔ Actividades

1 You have been in Madrid for a few days and you are now familiar with the underground system (**el metro**). Someone you have met at your hotel near the Opera metro, who does not speak English, needs your help. Look at the map of the Madrid underground on page 101 and answer his questions.

Conocido	Buenos días, ¿cómo está Vd.?
Tú	(*Reply to his greeting.*)
Conocido	Muy bien, gracias. Hoy tengo que ir a visitar a unos amigos que viven cerca de la estación de Goya. ¿Sabe Vd. qué línea tengo que tomar?
Tú	(*Study the map of the underground and tell him how to get there.*)
Conocido	¿Va directo?
Tú	(*Tell him whether it does or not.*)
Conocido	Gracias. Y después tengo que ir a una tienda que está cerca de la estación de Colombia. ¿Podría decirme qué línea tengo que tomar para ir allí desde la estación de Goya?
Tú	(*Study the map and tell him how to get there.*)
Conocido	Muchas gracias. Aún no entiendo el metro de Madrid. ¿Y Vd. qué planes tiene para hoy?
Tú	(*Say you are going to the Prado Museum and then you'll have lunch with a Spanish friend.*)

Conocido	Bueno, espero que nos veamos esta noche. Podríamos salir a tomar una copa, ¿qué le parece?
Vd.	(*Why not! You'll be back at the hotel about 7.00.*)

Nota: There is no one way to give the directions above. The **Key to the exercises** on page 194 provides a model.

2 With the help of the map below, try building up simple dialogues showing different ways of asking and giving directions. Use some of the words and phrases from the introductory dialogues and from the section **Frases y expresiones importantes**.

(a) You get out of the **metro** station at Nuñez de Balboa (Nº 9 on the map) and someone stops you to ask the way to the Banco Central (Nº 4 on the map).

(b) You have been to a museum (Nº 1) and as you go out, someone stops you to ask the way to the Hotel Plaza (Nº 6).

1)	Museo	7)	Cine Real
2)	Oficina de Correos	8)	Hospital Reina Sofía
3)	Banco Nacional	9)	Metro Núñez de Balboa
4)	Banco Central	10)	Estanco
5)	Oficina de Turismo	11)	Farmacia
6)	Hotel Plaza	12)	Teléfono Público

3 Someone who is visiting a South American country received this letter with directions. Complete it with the most appropriate word. Notice it is a formal letter.

Estimada señora Peña:

El objeto de la presente es explicarle brevemente cómo llegar hasta nuestras oficinas desde su hotel.

Al _____ del hotel _____ a la derecha y _____ hasta la estación de metro _____ próxima, que es la estación de Moneda. Allí _____ la línea 1 que va en _____ a Las Condes y _____ en la estación de Pedro de Valdivia que _____ en la Avenida Providencia. A dos _____ de allí, en _____ oriente, está la calle Concepción. Allí _____ a la izquierda y _____ por esa misma calle _____ el final. Nuestra oficina se encuentra justo en la _____ a la mano derecha. Atentamente,

Julián García

4 Christine lives in London and today her friend Antonio is coming to visit her. This is the note Christine sent to Antonio with directions to get to her place. First study the note and make sure you understand the directions. Then do the exercise below.

¡ Hola Antonio !

Te envío esta nota para decirte cómo llegar a mi casa desde la estación Victoria.

Yo vivo cerca de la estación de metro de Hammersmith. Al llegar a Victoria tienes que buscar la estación de metro y preguntar por la 'District line'. Coge esa línea en dirección a Richmond o a Ealing Broadway y bájate en Hammersmith. Al salir de la estación de Hammersmith cruza la calle por el paso subterráneo hasta Shepherds Bush Road. Sigue todo recto por Shepherds Bush Road hasta llegar a un pequeño parque que verás a tu derecha. Ése es Brook Green. Sigue por el lado derecho del parque hasta Luxemburg Gardens, que es donde yo vivo. Es la segunda calle viniendo de Shepherds Bush Road. Allí tuerces a la derecha. Mi casa tiene el número 25 y está en la esquina.

Espero que no te pierdas.

Un abrazo

Christine

Imagine the directions are for somebody much older than Christine whom she doesn't know well. She would need to use the polite form. Rewrite the note using the polite imperative.

5 A tourist goes to a railway station in Madrid to enquire about rail travel between Madrid and Paris. Use the information below to make up a possible dialogue between him/her and the person at the information desk. Include information such as the number of trains a day, how long it takes to travel, departure and arrival times, whether you need to change trains, and any other information you may think relevant. In the **Key to the exercises** you will find a model dialogue.

MADRID	IRUN		PARÍS

TIPO DE TREN	Estrella	EC
MODALIDADES		
ORIGEN		
MADRID-CHAMARTIN	18.15	19.35
ARANDA DE DUERO	20.38	│
BURGOS	21.48	22.12
MIRANDA DE EBRO	23.16	│
GASTEIZ/VITORIA	23.43	│
DONOSTIA/SAN SEBASTIÁN	1.35	│
IRUN	2.03	1.23
HENDAYA	2.08	1.39
HENDAYA	3.36	1.59
HENDAYA	5.59	3.57
PARÍS-AUSTERLITZ	10.30	8.30
DESTINO		
OBSERVACIONES	6 (1)	6 (2)

HORARIO DE TRENES

MADRID -PARIS- LISBOA

2 DE JUNIO AL 28 DE SEPTIEMBRE DE 1991 **26**

RENFE

(1) Puerta del Sol. Lleva 1.ª clase de Hendaya a París. Los viajeros de plazas sentadas deben transbordar en Hendaya. Del 15-VII al 2-IX llega a París a las 10.36 h.
(2) Eurocity Madrid-París. Del 15-VII al 2-IX llega a París a las 8.35 h.

EC (m)	*Eurocity*
coche litera (m)	*sleeper with couchette*
coche guardería (m)	*section of carriage used as nursery*

6 ¡A escuchar!

En viaje al aeropuerto: Here is some more practice in understanding directions. Listen to the recordings if you have the cassette, or alternatively, read the transcripts on page 207, and take notes in English of the directions given by each speaker.

7 Your Spanish-speaking friend wants to take a holiday abroad. What advice would you give him/her to travel cheaply? Read the article which follows and see if you can find suggestions you did not think of.

Busca un destino donde tu dinero valga más.

TRUCOS PARA HACER TURISMO SIN ARRUINARTE

- Viaja fuera de las fechas que se consideran temporada alta. Un par de días de diferencia pueden significar precios más baratos.
- Elige agencias especializadas en el destino escogido. Además de conocer todas las tarifas, y acceder a precios más baratos, te ayudarán a planear mejor el viaje. Las oficinas de turismo de cada país tienen listados de estas agencias.
- Pide los precios por separado si prefieres contratar un paquete turístico (viaje, traslados con guía y alojamiento): a veces la tarifa global oculta que te cobran a precio de oro los transportes del aeropuerto al hotel, y viceversa. En estos casos, ir en taxi te puede salir mucho más económico.
- La fórmula más barata suele ser 'avión + alojamiento'. Si eres un viajero experimentado y sabes moverte con soltura en otros países, no dudes en contratarla.
- Haz tu reserva con antelación y, para mayor tranquilidad, contrata en la propia agencia un seguro de cancelación del viaje.

- Aprovecha las ofertas de última hora si tienes la suerte de no tener que ajustar tus vacaciones a unas fechas determinadas. Pero ten en cuenta que, contratando una semana antes de salir, difícilmente podrás elegir el destino que más te guste.
- Si quieres hacer un ' tour' por varios países, siempre te saldrá más económico contratar un viaje organizado que ir por libre.

(*Revista Quo*)

temporada alta (f)	*high season*
a precio de oro	*a fortune*
con antelación	*in advance*
por libre	*independently*

Now read the article again and:

(a) Find all the imperative forms used in the passage and list them with their corresponding infinitive.

(b) Find the equivalent of the following words and phrases:

tener acceso	**planificar**	**lista**	**separadamente**
	el precio total	**con facilidad**	

Consolidación

A Spanish-speaking friend is coming to visit you at home for the first time. Write a brief letter to your friend giving precise directions on how to get to your place from the airport, the nearest train or underground station or from the nearest bus stop. Use as a guideline the note in Exercise 4 of **Actividades** and try using some of the phrases and expressions you have learnt through the unit. Don't forget you will need to use the familiar form.

8 | SERVICIOS Y COMUNICACIONES

Objetivos

■ Refer to the recent past
■ Use indirect speech
■ Make complaints
■ Give advice and recommendations
■ Give instructions
■ Express certainty and uncertainty

Tema

The main subject of this unit is services and communications. The dialogues and exercises in this unit will provide you with some essential vocabulary and language forms used in banking, postal services and telecommunications.

Diálogos

1 Una reclamación

Pamela Miles ha pedido una transferencia de dinero desde su banco en Inglaterra, pero la transferencia aún no ha llegado.

Pamela Buenos días.

Empleado Buenos días. ¿Dígame?

Pamela He pedido una transferencia de dinero a mi banco en Inglaterra y quisiera saber si ha llegado.

Empleado ¿Su nombre, por favor?

Pamela Pamela Miles. M-i-l-e-s. Miles.

Empleado   Un momento, por favor. Veré si ha llegado.
(*El empleado revisa la documentación y se dirige a la clienta.*)
Aún no ha llegado. ¿Cuándo la pidió usted?

Pamela   La pedí hace una semana. Me dijeron que la enviarían inmediatamente y que tardaría sólo dos días. ¿Está seguro de que no hay nada?

Empleado   Estoy completamente seguro. He revisado todas las transferencias que han llegado en los últimos días y la suya no está.

Pamela   ¡No es posible! ¿Qué puedo hacer? Necesito ese dinero urgentemente.

Empleado   Pues, lo siento mucho, pero lamentablemente yo no puedo hacer nada. ¿Por qué no vuelve Vd. mañana sobre el mediodía para ver si la hemos recibido? Y si no ha llegado, es mejor que llame Vd. por teléfono o escriba a su banco en Inglaterra para saber qué ha ocurrido.

Pamela   Bien, volveré mañana. Adiós.

Empleado   Adiós. Buenos días.

reclamación (f)	*complaint*
estar seguro	*to be sure*

Notas explicativas

(a) **He pedido** una transferencia de dinero.

I have asked for a money transfer.

La **pedí** hace una semana.

I asked for it a week ago.

The first sentence uses the perfect tense and the second one the preterite or simple past. For an explanation of this see **Notas gramaticales** on page 121.

(b) Me dijeron que la **enviarían** inmediatamente y que **tardaría** sólo dos días.

They told me that they would send it immediately and that it would take only two days.

This is an indirect statement. The verbs **enviar** and **tardar** are in the conditional tense. More on this in **Notas gramaticales**.

Ejercicio de comprensión 1

What words and phrases are used in the dialogue to express the following?

(a) ¿Qué desea?
(b) Todavía.
(c) De inmediato.
(d) Con urgencia.

(e) Desgraciadamente.
(f) A eso de ...
(g) Telefonear.
(h) Suceder

2 Una llamada telefónica

En un locutorio de la Compañía Telefónica, Pamela Miles pregunta a la telefonista cómo llamar a Inglaterra.

Pamela   Por favor, ¿podría decirme qué prefijo tengo que marcar para llamar a Londres?

Telefonista   Primero tiene que marcar el cero siete que es internacional y espere un segundo tono. Después marque el cuarenta y cuatro que corresponde a Inglaterra.

Pamela   Cero siete, cuarenta y cuatro ...

Telefonista   Luego marque el siete uno u ocho uno de Londres y el número del abonado.

Pamela   Vale. Gracias.

Telefonista   Pase a la cabina siete.

prefijo (m)	code
marcar	to dial
tono (m)	dialling tone
abonado (m)	subscriber

Notas explicativas

(a) Notice that instructions here are expressed with **tener que** plus the infinitive, e.g. **tiene que marcar** (*you have to dial*), and with the imperative, a much more frequent construction, **marque** (*dial*), **espere** (*wait*). For the formation of the imperative see Unit 7.

(b) Observe the change from **c** to **qu** in **marcar** (*to dial*), and the imperative form **marque** (*dial*). Similar changes occur in:

    buscar (*to look for*)   **busque** (*look for*)
    tocar (*to play*)   **toque** (*play*)

Notice also:

llegar (*to arrive*)	**llegue** (*arrive*)
pagar (*to pay*)	**pague** (*pay*)
coger (*to catch*)	**coja** (*catch*)

Ejercicio de comprensión 2

List all the verbs from the dialogue which are used to express instructions, e.g. **llame** (*call*), and give the infinitive corresponding to each one, e.g. **llamar** (*to call*).

3 En Correos

Robert Davies, un hombre de negocios, desea enviar unas muestras desde Bilbao a Madrid. En Correos pide información.

Sr. Davies   Buenos días. Quisiera enviar unas muestras a Madrid. ¿Qué servicio me recomienda? Las necesitan con urgencia.

Empleada   Pues, en ese caso le recomiendo que utilice el servicio **postal express**. Es un servicio de urgencia y además tiene la ventaja de que el envío es certificado. Es el servicio más seguro y rápido que tenemos.

Sr. Davies   ¿Y lo llevan a domicilio?

Empleada   Sí, la entrega se hace a domicilio. Es un poco más caro que los otros servicios, pero en este caso creo que es lo que más le conviene.

Sr. Davies   Gracias. Éste es el paquete que quiero enviar.

hombre de negocios (m)	*businessman*
muestra (f)	*sample*
envío (m)	*package, parcel*
domicilio (m)	*home, address*
entrega (f)	*delivery*

Nota explicativa

Le recomiendo que **utilice** el servicio postal express.	*I recommend you use the postal express service.*

After **recomendar**, when the subject of the first clause (**Yo le recomiendo ...**) is different from the subject of the second clause (**...que**

Vd. utilice …) you need to use the subjunctive. Here, the verb **utilizar** is in the present subjunctive. For the formation of the present subjective see Unit 6.

Ejercicio de comprensión 3

Study the dialogue once more and try to memorise some of the key words and phrases used in it, then complete this passage with the most suitable words and phrases. Try not to look at the text while you work through it.

El señor Davies va a _____ porque quiere enviar unas _____ a Madrid. La empleada le _____ que utilice el servicio _____ express, porque éste es un servicio de _____ y además tiene la _____ de que el envío es _____. Por otra parte, la _____ se hace a domicilio. Este servicio es más _____ que los otros, pero, en este caso, cree la empleada, es lo que más le _____ al señor Davies.

4 Una queja

John y Helen Brown, dos turistas de vacaciones en España, han alquilado un coche a través de una agencia en Inglaterra. Al llegar al aeropuerto en Palma de Mallorca, John y su mujer se dirigen al mostrador de la agencia de alquiler.

Sr. Brown   Buenas tardes.

Empleada   Buenas tardes.

Sr. Brown   Me llamo John Brown. Hemos alquilado un coche a través de su agencia en Manchester. ¿Dónde podemos recogerlo?

Empleada   ¿Cómo me ha dicho que se llama?

Sr. Brown   John Brown. B-r-o-w-n. Brown.

Empleada   Un momento, por favor. … Sí, aquí tenemos una reserva a su nombre, pero es para el día quince y hoy estamos a catorce.

Sr. Brown   ¿Cómo? ¿Para el día quince ha dicho Vd.? Mire Vd., yo mismo hice la reserva y no me cabe duda que era para el catorce. ¡Esto es el colmo de la incompetencia! Exijo que me entreguen el coche que pedí inmediatamente.

Empleada   Lo siento, pero en este momento no tenemos ningún coche disponible.

Sra. Brown ¡Es increíble! Es la primera vez que nos sucede algo así.

Empleada Pues, les aconsejo que hablen con el encargado. A lo mejor él les puede solucionar el problema. Yo no puedo hacer nada. ¿Quieren esperar un momento, por favor? Iré a buscarle.

recoger	*to pick up, collect*
yo mismo	*I ... myself*
No me cabe duda ...	*I have no doubt ...*
Es el colmo (de) ...	*It's the height of, it's the limit ...*
exigir	*to demand, insist*
aconsejar	*to advise*

Ejercicio de comprensión 4

Answer the following questions in Spanish.

(a) ¿Dónde alquilaron el coche los Brown?

(b) ¿Para qué día hicieron la reserva?

(c) ¿Quién hizo la reserva?

(d) ¿Para qué día tenía la reserva la agencia en Palma de Mallorca?

(e) ¿Por qué no puede darle otro coche la empleada?

(f) ¿Qué les aconseja la empleada?

Frases y expresiones importantes

Referring to the recent past

He pedido una transferencia.	*I've asked for a transfer.*
Aún no ha llegado.	*It hasn't arrived yet.*

Using indirect speech

Me dijeron que la enviarían inmediatamente.	*They told me they would send it immediately.*
Me dijeron que tardaría sólo dos días.	*They told me it would take only two days.*

Making complaints

¡No es posible!	*That's impossible!*
¡Es increíble!	*It's incredible!*
¡Esto es el colmo de la incompetencia!	*This is the height of inefficiency!*

Other ways of making complaints

Quiero hacer una reclamación.	*I want to make a complaint.*
Tengo una queja.	*I have a complaint.*
Quisiera quejarme de ...	*I'd like to complain about ...*

Giving advice and recommendations

Es mejor que llame Vd. por teléfono a su banco.	*You'd better telephone your bank.*
Le recomiendo que utilice el servicio **postal express**.	*I recommend you use the postal express service.*

Nota: The verbs most frequently used to give advice and recommendations are **aconsejar** (*to advise*), **recomendar** (*to recommend*), **sugerir** (*to suggest*).

Giving instructions

Primero tiene que marcar el 07.	*First you have to dial 07.*
Espere un segundo tono.	*Wait for a second dialling tone.*

Nota: In writing, instruction and procedures are often expressed with the infinitive, e.g.

levantar el auricular (*lift up the receiver*)
depositar una moneda de ... pesetas
(*insert a coin of ... pesetas*)

Expressing certainty and uncertainty

¿Está seguro de que no hay nada? *Are you sure there is nothing?*
Estoy (completamente) seguro. *I'm (absolutely) sure.*

Other ways of expressing certainty and uncertainty

Me parece que ...   I think (that) ...
Creo que ...   I think (that) ...
No creo que ... (plus the subjunctive) I don't think (that) ...

Notas gramaticales

1 The perfect tense

This is used to refer to the recent past and to events which have happened in a period of time which includes the present.

Sentences such as:

He pedido una transferencia. *I have asked for a transfer.*
Hemos alquilado un coche. *We have hired a car.*

refer to the recent past and are normally expressed in Spanish in the perfect tense.

Events which have happened in a period of time which includes the present, e.g. **hoy** (*today*), **esta mañana** (*this morning*), **esta semana** (*this week*) **todavía, aún** (*still, yet*) **ya** (*already*), etc. are also normally expressed in the perfect tense, as in:

Hoy he hablado con él. *Today I've spoken to him.*
Aún no ha llegado. *It hasn't arrived yet.*

Notas: (a) In Latin America and in the North-Western regions of Spain, notably Galicia and Asturias, the preterite tense, e.g. **Hoy hablé con él** (*Today I spoke to him*), is much more common than the perfect tense. (b) The Spanish perfect tense often translates into English as simple past, e.g. **Lo he llamado hace un rato**. *I phoned him a while ago.*

Formation

To form the perfect tense you use the present tense of **haber** (*to have*) followed by a past participle which does not change. The past participle of **-ar** verbs ends in **-ado** while **-er** and **-ir** verbs form the past participle by adding **-ido** to the stem. Here are two verbs, **lleg*ar*** (*to arrive*), and **ped*ir*** (*to ask for*) in the perfect tense.

he lleg**ado**	*I have arrived*
has lleg**ado**	*you have arrived* (familiar)
ha lleg**ado**	*he/she/it has arrived, you have arrived*
hemos lleg**ado**	*we have arrived*
habéis lleg**ado**	*you have arrived* (familiar)
han lleg**ado**	*they/you have arrived*

he ped**ido**	*I have asked (for)*
has ped**ido**	*you have asked (for)* (familiar)
ha ped**ido**	*he/she/it has asked (for), you have asked (for)*
hemos ped**ido**	*we have asked (for)*
habéis ped**ido**	*you have asked (for)* (familiar)
han ped**ido**	*they/you have asked (for)*

2 The conditional tense in indirect speech

Compare these sentences:

La enviaremos inmediatamente.	*We'll send it immediately.*
Me dijeron que la enviarían inmediatamente.	*They told me (that) they would send it immediately.*

The first sentence corresponds to a direct statement while the second one introduced by **Me dijeron que ...** is an indirect one. The verb, which in the direct statement is in the future tense, changes into the conditional tense in indirect speech. Here is another example:

Tardará sólo dos días.	*It will take only two days.*
Me dijeron que tardaría sólo dos días.	*They told me it would take only two days.*

Other verbs used to introduce indirect statements such as the above are: **asegurar** (*to assure*), **prometer** (*to promise*), **garantizar** (*to guarantee*), etc.

Formation of the conditional tense

Like the future tense, the conditional is formed with the infinitive, to which the endings are added. The endings of the three conjugations are the same as those of the imperfect tense of -**er** and -**ir** (see Unit 5). Here is the conditional tense of a regular verb, **enviar** (*to send*).

enviar**ía**	*I would send*
enviar**ías**	*you would send* (familiar)
envar**ía**	*he/she/you would send*
envar**íamos**	*we would send*
envar**íais**	*you would send* (familiar)
enviar**ían**	*they/you would send*

Nota: -**er** and -**ir** verbs have the same endings as -**ar** verbs.

◢ Repaso

1 Complete this note with the correct form of the perfect tense of the verb shown:

Antonio:
Esta mañana te (**llamar**) Ricardo. Dice que él y su mujer (**llegar**) hoy a Madrid y que (**reservar**) una habitación en el Hotel El Escorial. Volverá a llamar esta tarde. Yo (**ir**) a Correos a echar unas cartas, pero espero volver antes de las 2.00. Te (**dejar**) la comida en la nevera.

No te olvides de que mi madre nos (**invitar**) a cenar esta noche.
Mari Carmen

2 Make indirect statements using the introductory phrases given:

(a) **La transferencia llegará mañana**. El empleado me dijo que …
(b) **Tardará una semana**. Ella me aseguró que …
(c) **La carta estará allí el lunes**. En Correos me dijeron que …
(d) **Les entregaremos el coche esta tarde**. En la agencia nos prometieron que …
(e) **Le repararemos el coche ahora mismo**. El mecánico me prometió que …
(f) **Te llamaré por teléfono esta noche**. Alfonso me dijo que …

☙ Actividades

1 Write a dialogue based on the situation outlined below. Use some of the words and phrases you learnt in the introductory dialogues as well as those listed under **Palabras y frases útiles**.

You have written to your bank asking them to transfer money to your current account at the Banco del Progreso in Buenos Aires. After inquiring at the bank for the third time, you are told by an employee that your money still hasn't come. The employee apologises and suggests that you write to your bank to find out what has happened. You are sure the money has been sent (your father telephoned and told you that you would get the money in 48 hours) and you don't want to waste any more time. You insist upon seeing the manager in order to make a complaint. You think this is the height of inefficiency.

Palabras y frases útiles	
la cuenta corriente (f)	*current account*
averiguar	*to find out*
recibir	*to get*
perder tiempo	*to waste time*
exigir	*to insist upon*
director (m)	*bank manager*

2 A Spanish-speaking friend is visiting you at home and you have gone out together for the day. Your friend wants to telephone his/her parents in Barcelona from a public phone box. He/she has never used a public telephone in your country. Tell him/her what to do. The code to ring Barcelona from England is 00–3493.

Amigo(a)   Dime, ¿qué tengo que hacer para llamar a Barcelona desde un teléfono público?

Tú   _____ _____ _____ _____ _____ _____

Palabras y frases útiles	
levantar (or descolgar) el auricular	*to lift up the receiver*
la ranura	*slot*
poner monedas de ...	*insert coins of ...*

Nota: descolgar changes the **o** of the stem (**descolg-**) into **ue**.

3 You plan to live in Spain for two years and you want to open a bank account. A Spanish acquaintance has brought you a leaflet from his own bank which gives information about some of the services it provides. How much can you understand? Read it through, then translate it into your own language.

En el Banco Popular Español, Vd. encontrará siempre...

AMISTAD para aconsejarle sobre:
- Cómo adquirir un coche, chalet o apartamento.
- Cómo venderlo y repatriar el capital y plusvalías
- Cómo alquilar su apartamento o chalet.
- Cómo importar su lancha, su coche, sus muebles, animales domésticos.
- Los impuestos a que está sujeto en España y cómo evitar la doble imposición.
- Cómo contratar una póliza de seguro que cubra su piso o chalet contra robo, incendio, inundaciones.
- Cómo resolver sus problemas de enfermedades y demás necesidades sanitarias y familiares.

amistad (f)	friendship
plusvalía (f)	capital gains
lancha (f)	boat
impuesto (m)	tax
doble imposición (f)	double taxation
póliza de seguro (f)	insurance policy
incendio (m)	fire
inundación (f)	flood

4 ¡A escuchar!

(a) **¡Dígalo por la PR!** This is the title of a public announcement from *Radio la Romántica*, XHPR, in Veracruz, Mexico. Listen to the announcement, if you have the cassette, or alternatively, read the transcript of the text on page 207, and then explain:

(i) What kind of service does *Radio la Romántica* offer its listeners?
(ii) How does this service operate?

(b) **¡Quejas y más quejas!** Some people like to complain! Listen to these complaints, if you have the cassette, or alternatively, read the transcript on page 208, and then say where each of the complaints takes place and what they are about.

5 Have you ever written a letter of complaint to a newspaper or magazine? Here are two letters sent by people in Chile and Spain.

What are they complaining about? Read the letters and find out and then write a brief summary of their content in Spanish.

Sobreventa en línea aérea

Hace unos días mi mujer y yo íbamos a viajar a Londres vía Nueva York, pero al presentarnos en el mesón de Aerosur, nos informaron que no podríamos viajar, ya que el vuelo estaba completo, hecho insólito, ya que habíamos hecho y pagado nuestras reservas hacía un mes.

Nos quejamos al encargado de la línea aérea en el aeropuerto, pero sin éxito. Después de esperar más de dos horas, éste prometió enviarnos en un vuelo que salía al día siguiente.

Regresamos a nuestra casa, y al otro día, antes de iniciar nuestro viaje al aeropuerto, llamamos por teléfono a la línea aérea para reconfirmar nuestras reservas. Grande fue nuestra sorpresa e indignación al enterarnos de que sólo estaba confirmado el vuelo hasta Nueva York, y que en el vuelo de conexión de Nueva York a Londres estábamos en lista de espera. ¡No podíamos creerlo! Nunca nos había sucedido una cosa así, por lo que decidimos anular nuestras reservas y viajar en otra empresa.

La sobreventa, según nos hemos enterado, es una práctica habitual en Aerosur. Ello nos causó grandes molestias y pérdida de tiempo y dinero. Aparte de eso, el trato que recibimos por parte del personal de la línea aérea fue descortés y su actuación incompetente. No volveremos a utilizar sus servicios.

Juan Carlos Reyes, *Santiago de Chile*

El inglés en Ibiza

Es el colmo que en España no nos permitan leer en nuestro propio idioma.

Este verano pasé mis vacaciones en un hotel en Ibiza, y todas la indicaciones estaban en inglés. Me pareció increíble. Me dio la impresión de que estaba en Inglaterra o en Estados Unidos en lugar de España. Estoy segura de que esto no sucede en otros países. Al menos en mis viajes nunca lo había experimentado. Sentí que era una suerte de discriminación ejercida contra los españoles en su propio país. ¿Dónde están las autoridades que no hacen nada al respecto? Debería haber una ley que prohibiera situaciones como ésta. Defendamos nuestra lengua.

María de la Luz García, *Madrid*

Read the letters again and find the expressions which mean the following:

(a) puesto que
(b) raro, extraño
(c) presentamos una queja
(d) empezar, comenzar

(e) rabia, ira
(f) poco cortés, poco amable
(g) nunca me había pasado
(h) una especie de

sobreventa (f)	*overbooking*
mesón (m)	*counter*
enterarse	*to find out*
ley (f)	*law*

Consolidación

1 Rosa had many reasons to complain about the apartment she rented. Can you match the complaints with the drawings overleaf?

(a) Uno de los cristales está roto.
(b) La nevera no funciona.
(c) Hay una gotera en el techo.
(d) El vecino hace mucho ruido.
(e) La bañera está atascada.
(f) Uno de los grifos está estropeado.

2 You arrive with your wife/husband in a hotel in a Spanish-speaking country after reserving a room for two weeks starting on 10th July. The hotel receptionist has a reservation for you but this is for the 15th, not the 10th. You made the reservation yourself on the telephone, but someone has made a mistake. Unfortunately there are no rooms available now, so you'll have to go somewhere else at least until the 15th. You express your indignation and demand to speak to the hotel manager in order to complain. Write the dialogue between you and the hotel receptionist. Use some of the words and phrases you learnt in the introductory dialogues. In the **Key to the exercises** you will find a model dialogue.

9 USTED, EL CONSUMIDOR

Objetivos

■ Ask for something in a shop and enquire about forms of payment
■ Describe things
■ Express open and remote conditions
■ Express obligation and needs
■ Express surprise

Tema

The main theme of Unit 9 is shopping, money and the consumer. Reading comprehension includes authentic material with some useful advice for consumers.

Diálogos

1 En una tienda de artículos de piel

Una señora entra en una tienda de artículos de piel para comprar un regalo para su hija.

Clienta   Buenas tardes, señorita. Quisiera comprar un bolso. Es para regalo.

Dependienta ¿Es para una persona joven?

Clienta   Sí, es para mi hija que está de cumpleaños.

Dependienta ¿Cuánto desea gastar aproximadamente?

Clienta   Unas veinte mil pesetas.

Dependienta	Pues, tenemos éstos que están en oferta y están muy bien de precio. Los tenemos a dieciocho mil quinientas pesetas. Este marrón, por ejemplo, es muy bonito y es de muy buena calidad. Mire Vd.
Clienta	Sí, es precioso. Pero no creo que a mi hija le guste ese color. Prefiero llevar uno blanco. Aquél, por ejemplo, ¿vale lo mismo?
Dependienta	Sí, tiene el mismo precio. Y si no le gusta puede cambiarlo, pero deberá traer el recibo.
Clienta	De acuerdo. Me lo quedo.
Dependienta	¿Va a pagar en efectivo?
Clienta	No, ¿puedo pagar con tarjeta de crédito?
Dependienta	Sí, por supuesto.
Clienta	¿Me lo envuelve para regalo, por favor?
Dependienta	Cómo no.

piel (f)	*leather*
bolso (m)	*handbag*
gastar	*to spend*
oferta (m)	*special offer*
Me lo quedo.	*I'll take it.*
en efectivo (m)	*cash*
envolver	*to wrap up*

✳ Nota explicativa

Si no le gusta puede cambiarlo.   *If she doesn't like it you can change it.*

This is an open conditon, in which the condition may or may not be fulfilled. More on this in **Notas gramaticales**.

Ejercicio de comprensión 1

Read or listen to the conversation again and then, without looking at the text, try completing the following summary of the dialogue with the missing words.

Una mujer entra en una _____ para comprar un _____ para su hija que está de _____ La dependienta le enseña unos que están en _____, entre ellos uno de color marrón. Pero la clienta no cree que a su hija le _____ ese color, por lo que prefiere _____ uno blanco. La mujer paga con _____ y pide a la dependienta que se lo _____ para regalo.

2 Describiendo un coche

Javier y su amigo Fernando hablan de coches.

Javier ¿Sabes que Cristóbal va a vender su coche?

Fernando ¿De veras? Es un coche estupendo y está casi nuevo. ¿Por qué lo piensa vender?

Javier Se ha ganado una beca para Estados Unidos y necesita el dinero.

Fernando ¡No me digas! ¿Y sabes tú cuánto pide por él?

Javier Quinientas mil pesetas.

Fernando ¡Hombre! ¡Y con las ganas que tengo yo de tener un coche! Si tuviera dinero se lo compraría.

¿De veras?	*Really?*
beca (f)	*scholarship*
¡No me digas!	*You don't say!*
¿Cuánto pide por él?	*How much is he asking for it?*
tener ganas	*to want, be longing to*

❊ Nota explicativa

Si tuviera dinero se lo compraría.　　*If I had money I would buy it
from him.*

This is a remote condition, which cannot be fulfilled. More on this in
Notas gramaticales.

¿Verdadero o falso?

(a)　Cristóbal ha vendido su coche.
(b)　Critóbal necesita el dinero para obtener una beca.
(c)　El coche vale medio millón de pesetas.
(d)　Fernando piensa comprar el coche de Javier.

3　En un taller de reparaciones

Un cliente lleva su televisor a un taller de reparaciones.

Cliente　　Buenas tardes. ¿Podría repararme este televisor?

Empleado　¿Qué le pasa?

Cliente　　La imagen no se ve muy bien.

Empleado　Bien, pero habrá que revisarlo primero y después le daré un
presupuesto por la reparación. Y si Vd. está conforme
haremos el trabajo.

Cliente　　De acuerdo. ¿A qué hora puedo volver?

Empleado　Vuelva Vd. esta tarde después de las seis.

taller de reparaciones (m)	*repair shop*
imagen (f)	*picture (TV)*
presupuesto (m)	*estimate*
estar conforme	*to be in agreement*

❊ Nota explicativa

Habrá que revisarlo.　　　　　*It will be necessary to check it*
(Lit. *One will have to check it*).

Habrá is the third person singular of the verb **haber** (*to have*). It is
followed here by **que** plus the infinitive. More on this in **Notas
gramaticales**.

Ejercicio de comprensión 2

Answer the following questions in Spanish.

(a) ¿Qué problema tiene el televisor?
(b) ¿Qué va a hacer el empleado antes de repararlo?
(c) ¿Qué necesita antes de empezar el trabajo?

Frases y expresiones importantes

Asking for something in a shop and enquiring about forms of payment

Quisiera comprar un bolso.	*I'd like to buy a handbag.*
¿Va a pagar en efectivo?	*Are you going to pay cash?*
¿Puedo pagar con tarjeta de crédito?	*May I pay with credit card?*

Describing things

Es muy bonito y es de muy buena calidad.	*It is very nice and the quality is very good.*
Es un coche estupendo y está casi nuevo.	*It is an excellent car and it is almost new.*

Expressing open and remote conditions

Si no le gusta puede cambiarlo (open condition).	*If you don't like it you can change it.*
Si tuviera dinero se lo compraría (remote condition).	*If I had money I would buy it from him.*

Expressing obligation and needs

Deberá traer el recibo.	*You'll have to bring the receipt.*
Habrá que revisarlo.	*It will be necessary to check it.*

Expressing surprise

¿De veras?	*Really?*
¡No me digas!	*You don't say!*
¡Hombre!	*Good heavens!, I never!*

Other ways of expressing surprise

¡Qué sorpresa!	*What a surprise!*
Es sorprendente	*It is surprising/amazing*
¡Me parece imposible que ...!	*I can hardly believe ...!*
Me sorprende.	*It surprises me.*
¡Quién lo hubiera creído!	*Who would have thought it!*
¡Parece imposible!	*I can hardly believe it!*

🔊 Notas gramaticales

1 Conditional sentences

(a) **Open conditions**: They are those in which the condition may or may not be fulfilled, as in:

> Si Vd. está conforme haremos   *If you are in agreement we shall*
> el trabajo.   *do the job.*

The combination of tenses used in these sentences is the same as it is in English, e.g. present tense *plus* future tense, as in the previous sentence, present tense *plus* present tense, as in:

> Si llueve es mejor no ir.   *If it rains it is better not to go.*

Notice that **si** is followed by a verb in the indicative, not the subjunctive.

(b) **Remote conditions**: Most sentences of this type express a condition which is contrary to fact, that is, which may not be fulfilled, as in:

> Si tuviera dinero se lo compraría.   *If I had money I would buy it from*
>   *him.*

The verb which follows **si** must be in the imperfect subjunctive while the verb in the second clause is normally in the conditional (for the conditional tense see Unit 8).

This same construction is sometimes used to express conditions which may be fulfilled (as in open conditions). Consider, for example:

> Si fueras ahora la verías.   *If you went now you would see her.*

which is practically equivalent to:

> Si vas ahora la verás.   *If you go now you will see her.*

2 Imperfect subjunctive tense

Formation

The imperfect subjunctive, used in remote conditions, can be formed in two ways. The first is directly derived from the third person plural of the preterite (see Unit 4), for example:

Infinitive	Preterite	Imperfect subjunctive (1st and 3rd person sing)
comprar *(to buy)*	compr**aron**	compr**ara**
vender *(to sell)*	vend**ieron**	vend**iera**
escribir *(to write)*	escrib**ieron**	escrib**iera**

The same derivation occurs with irregular and stem-changing verbs:

tener *(to have)*	tuvier**on**	tuvier**a**
ser/ir *(to be/go)*	fuer**on**	fuer**a**
querer *(to want)*	quisier**on**	quisier**a**

Verbs of the second and third conjugation (**-er** and **-ir**) form the imperfect subjunctive in the same way. First conjugation verbs (**-ar**) have a different set of endings. Here are two examples:

comprar:	(sing)	compr**ara** compr**aras** compr**ara**
	(pl)	compr**áramos** compr**arais** compr**aran**
vender:	(sing)	vend**iera** vend**ieras** vend**iera**
	(pl)	vend**iéramos** vend**ierais** vend**ieran**

The imperfect subjunctive has a second set of endings which appear to be less frequent than the first. The two forms are generally interchangeable. Again, **-er** and **-ir** verbs share the same endings.

comprar:	(sing)	compr**ase** compr**ases** compr**ase**
	(pl)	compr**ásemos** compr**aseis** compr**asen**
vender:	(sing)	vend**iese** vend**ieses** vend**iese**
	(pl)	vend**iésemos** vend**ieseis** vend**iesen**

Nota: Other than in remote conditions such as the above, the imperfect subjunctive normally occurs in sentences which carry a main clause in the:

(a) Imperfect:

El **quería** que yo lo **comprara**.   *He wanted me to buy it.*

(b) Preterite:

Ella me **pidió** que lo **cambiara**.   *She asked me to change it.*

(c) Pluperfect:

Yo le **había pedido** que me **diera** un presupuesto.   *I had asked him to give me an estimate.*

(d) Conditional:

Me **gustaría** que lo **hicieras**.   *I'd like you to do it.*

(e) Perfect conditional:

Yo **habría preferido** que lo **hicieras**.   *I'd have preferred you to do it.*

3 Verbs which express obligation and needs

Tener que (*to have to*)

Tendré que venderlo.   *I will have to sell it.*

Deber (*to have to, must*)

Deberá traer el recibo.   *You'll have to bring the receipt.*

Ser necesario (*to be necessary*)

¿Crees que es necesario?   *Do you think it is necessary?*

Necesitar (*to need*)

Necesito un coche.   *I need a car.*
Necesito comprar un regalo.   *I need to buy a present.*

Hacer falta (*to be necessary*)

¿Hace falta tener visado?   *Does one need a visa?*

Hay que (*it is necessary – one has to, you/we have to*)

Hay que hacerlo.   *One has to do it.*

Nota: Hay derives from **haber** (auxiliary verb *to have*), and it can be used in tenses other than the present tense.

Habrá que revisarlo.	*It will be necessary to check it.*
Hubo que repararlo.	*It was necessary to repair it.*
Habría que venderlo.	*It would be necessary to sell it.*

Repaso

1 Follow the example and express remote conditions.

Ejemplo: No iré porque no tengo dinero.
Si tuviera dinero iría.

(a) No viajaré a España porque no tengo vacaciones.
(b) No compraré el coche porque está en mal estado.
(c) No lo haremos reparar porque no merece la pena.
(d) No se quedarán porque tienen que volver al trabajo.
(e) No los recibiré porque estoy ocupado.
(f) Ella no le entiende porque él no habla bien español.

2 Say what you have or need to do. Follow the example.

Ejemplo: ¿Qué necesitas comprar? (**un regalo**)
Necesito comprar un regalo.

(a) ¿Qué tuviste que hacer? (**vender el piso**)
(b) ¿Qué tenías que decirme? (**algo importante**)
(c) ¿Qué hay que hacer? (**nada**)
(d) ¿Qué debes llevar? (**el pasaporte**)
(e) ¿Qué necesitabas comprar? (**una maleta**)
(f) ¿Qué habrá que traer? (**algo para beber**)

Actividades

1 You go into a shop in a Spanish-speaking country to buy yourself a pair of trousers. Play the part of the customer in this conversation with the shop assistant.

Dependiente(a)	¿En qué puedo servirle?
Tú	(*Say you would like a pair of trousers.*)
Dependiente(a)	¿Son para Vd.?

Tú	(*Yes, they are for you.*)
Dependiente(a)	Tenemos éstos de algodón, son de muy buena calidad y están de moda. ¿Qué le parecen?
Tú	(*Yes, you like them very much. Ask if they have them in black.*)
Dependiente(a)	Sí, y también en marrón y en gris. ¿Cuál es su talla?
Tú	(*You are size 46.*)
Dependiente(a)	Sí, éste es el último que nos queda en esa talla.
Tú	(*Say you would like to try them on.*)
Dependiente(a)	Sí, pase Vd. al probador. Está allí, a la derecha.
Tú	(*Say that they fit and ask how much they are.*)
Dependiente(a)	Cuestan siete mil pesetas.
Tú	(*Say they are a little expensive, but you like them. You'll take them. Ask if you can pay with a credit card.*)
Dependiente(a)	Sí, por supuesto.

Palabras y frases útiles

pantalones (m pl)	*trousers*
probarse	*to try on*
quedar/sentar bien	*to fit*

---

2 You go into a shop to buy some cups and saucers (**tazas y platillos**) that you saw in the window (**el escaparate**) the night before. Unfortunately they are no longer there so someone must have bought them. Describe them to the shop assistant.

Dependiente(a)	¿Qué desea?
Tú	(*Say you would like some cups and saucers that you saw in the window the night before.*)
Dependiente(a)	¿Cómo eran?
Tú	(*Say they were ceramic, and they were green and had a yellow band.*)
Dependiente(a)	¿Eran con asa o sin asa?

Tú	(*No, they didn't have a handle.*)
Dependiente(a)	Ah sí, ahora recuerdo. No nos quedan.
Tú	(*What a pity!*)

Palabras y frases útiles

cerámica (f)	ceramic
banda (f)	band
asa (f)	handle

---

3 A friend of yours, who has just started learning Spanish, has asked you to translate the postcard below which she received from someone in Venezuela.

Querida Pat:

¡Qué sorpresa recibir carta tuya otra vez! Me alegro de que estés bien y espero que te vaya estupendamente en tus exámenes finales.

  Te agradezco mucho tu invitación para este verano, pero desgraciadamente no tengo suficiente dinero para viajar. Si pudiera, naturalmente que iría a verte. ¡No sabes cómo me gustaría! El próximo año quizás, pero tendré que trabajar mucho para ahorrar dinero ya que el viaje es muy caro. Tú también tendrás que venir a Venezuela algún día. No hace falta que te invite formalmente. Te estaré esperando.

Un abrazo

Raúl

4 ¿Qué harías si te ganaras la lotería?

Ana, Luis, and Raquel, each commented on what they would do or buy if they won a big prize in the lottery.

Read their comments and match the names with the drawings.

Ana, 18 años

Si me ganara la lotería, lo primero que haría sería pagar todas mis deudas y las de mis padres con quienes vivo actualmente. También me compraría una gran casa en la playa y la amueblaría lujosamente y, además, compraría un yate, en el que mi novio y yo daríamos la vuelta al mundo. Al regresar nos casaríamos. Si todavía me quedara dinero, lo invertiría muy bien y viviríamos holgadamente. Pero no dejaría mi trabajo, ya que me gusta lo que hago…

Luis, 48 años

Si a mí me tocara la lotería, mi vida cambiaría completamente. No sé si sería más feliz o no, pero sí sé que resolvería mis actuales problemas económicos. Para empezar, renunciaría a mi puesto de administrativo en la empresa donde trabajo e instalaría mi propia empresa, y la administraría personalmente. Ya no tendría un jefe, ni tendría que trabajar ocho horas diarias para ganar un sueldo miserable.

En lo personal, me mudaría con mi familia al mejor barrio de la ciudad. Mi mujer y yo tendríamos cada uno su propio coche, y enviaríamos a nuestro hijo al mejor de los colegios. En verano tomaríamos unas largas vacaciones en la playa y en invierno nos iríamos a esquiar a la montaña. Y todavía nos quedaría suficiente dinero para invertir en la bolsa y vivir bien el resto de nuestras vidas…

Raquel, 32 años

Soy profesora y, si tuviera la suerte de ganar la lotería, haría una gran fiesta para celebrar. No dudaría en dejar mi actividad actual y dedicarme totalmente a escribir novelas, que es lo que siempre he soñado. Ayudaría también a mi familia y a la gente más necesitada de mi pueblo, especialmente a los niños y a los ancianos. Donaría una gran cantidad de dinero al colegio donde trabajo y donde yo misma hice mis estudios. No malgastaría el dinero, pero sí lo disfrutaría mucho …

Who said the following? Read the comments again and match the phrases below with the appropriate names.

(i)   Dejaría mi trabajo.
(ii) No renunciaría a mi puesto.
(iii) Yo mismo estaría a cargo de ella.
(iv) Es lo que he querido hacer toda mi vida.
(v)   Antes que nada, pagaría todo lo que debo.

Y tú, ¿qué harías si te tocara la lotería?

deuda (f)	*debt*
tocar	*to win*
amueblar	*to furnish*
invertir	*to invest*
holgadamente	*comfortably*
instalar	*to set up*
bolsa (f)	*stock exchange*
soñar	*to dream*
donar	*to give*
malgastar	*to squander*

5 ¡A escuchar!

¿Dónde compra Vd.? Where do people in your country normally buy their food: in traditional corner shops, or in small or large supermarkets? Compare their habits with those of Spanish people in the table below, then listen to or read some interviews conducted by a journalist on the subject of shopping.

TIENDAS DONDE LOS ESPAÑOLES SUELEN COMPRAR SUS ALIMENTOS (%)	
Hipermercados	37
Pequeños supermercados	32
Grandes supermercados	14
Tiendas tradicionales	9
Pequeños autoservicios	8

(a) The first interview is with Rosario Santos, a housewife. As you listen to or read the text, on page 208, answer the questions which follow. Here are some key words.

grandes almacenes (m pl)	department store
comestibles (m pl)	foodstuff
vecino/a (m f)	neighbour
cotillear	to gossip

(i)   ¿En qué ocasiones compra en la tienda de su barrio?

(ii) ¿Cuándo compra en grandes almacenes? ¿Por qué?

(iii) Y los comestibles, ¿dónde los suele comprar?

(b) The second interview is with Ana Belmar, a student. Listen to what she has to say, or alternatively, read the transcript of the text on page 208, and as you do so, say whether the following statements are **verdaderos o falsos**. Learn first some of the key words.

rebajas (f pl)	sale
aprovechar	to take advantage
Tratándose de ...	If it is to do with ...
a la moda	fashionably

(i) Ana prefiere comprar en pequeñas tiendas porque es más barato.

(ii) Hoy ha comprado en unos grandes almacenes porque hay ofertas especiales.

(iii) Ana trabaja para comprar su ropa.

(c) The third interview is with Andrés Calle, an office clerk from South America. Listen to the complete conversation, or read the transcript of the text on page 209. This key vocabulary will help you to understand it:

Lo cierto es ...	The truth is ...
encargarse de	to be responsible for
acompañar	to accompany

(i) Listen again, if you have the cassette, and as you do so, complete the passage below with the missing words. Alternatively, read the interview once more and then, without looking at the text, try completing the passage below with the words which are missing.

Pues, lo cierto es _____ prefiero ir a una _____ más pequeña donde el _____ sea más directo, más _____. Pero eso sólo lo _____ hacer el fin de _____. Yo soy administrativo y _____ por la mañana y _____ la tarde y cuando _____ las tiendas ya están _____. Por eso vengo a _____ aquí, pues está abierto _____ mediodía. Así aprovecho la _____ de la comida para _____ lo que necesito.

(ii) Listen again to (or read) the answer given by Andrés Calle to the second question: **¿Y la compra de comestibles, la hace Vd. también?** Summarise his answer in English.

6 A friend of yours who doesn't know any Spanish is thinking of renting an apartment in Spain for the summer. Your friend has been sent the information on page 144 on consumer protection by a Spanish acquaintance and he/she has asked you to translate it for him/her. Familiarise yourself with the new vocabulary before you do the translation in writing.

combustible (m)	*fuel (gas)*
recogida de basuras (f)	*rubbish collection*
señal (f)	*deposit*
importe (m)	*cost, value*
antelación (f)	*time in advance*
aviso (m)	*notice*

APARTAMENTOS TURÍSTICOS

 EN el precio del alojamiento van incluidos los siguientes servicios: agua, luz y combustible; recogida de basuras y servicios comunes.

En el momento de realizar la reserva se puede exigir, en concepto de señal, una cantidad que va del 15 al 40% del importe total que corresponda al precio contratado.

Si el usuario decide anular la reserva tiene derecho a una devolución de la señal con unas penalizaciones que van del 5 al 50%. Según la antelación del aviso. Si la anulación se efectúa con menos de 7 días de antelación no tendrá derecho a devolución alguna.

ESTE VERANO VIAJA INFORMADO

⋇OMIC

(Oficina Municipal de Información al Consumidor, Ayuntamiento de Toledo)

7 Here is some advice given by a consumer magazine to its readers, in which some key words are missing.

Fill in the gaps with an appropriate word from the following list:

precio	**pena**	**bolsillo**	**lista**	**vergüenza**	**compra**
	tentación	**estantes**	**vacío**	**gastos**	

Cómo mantener el consumo bajo control

(a) Antes de salir a comprar, lo mejor es hacer una _____ de lo que necesitas y un presupuesto aproximado.

(b) No compres alimentos con el estómago _____ Caerías fácilmente en la tentación de adquirir más de lo necesario.

(c) Si en un gran almacén ves un artículo que no tenías previsto comprar y parece interesarte, trata de no ceder a la primera _____ y déjalo para la próxima vez. Sólo así sabrás si merece la pena comprarlo.

(d) Muchas veces compramos cosas que no nos sirven para nada, sólo porque están en oferta. Piensa que una oportunidad sólo es real si se trata de un artículo que realmente necesitas y cuyo _____ es inferior al que suele tener habitualmente.

(e) Antes de pasar por el cajero de la tienda, compara el dinero que has gastado con el que habías previsto. Si excede, devuelve a los _____ los artículos menos necesarios.

(f) No sientas ningún tipo de _____ por salir de un establecimiento sin haber realizado compra alguna.

(g) Algunos expertos recomiendan, para luchar contra la adicción al crédito, romper la tarjeta o envolverla con el tícket de la última compra en la que se gastase mucho. Otro remedio es visualizar el dinero saliendo de tu _____ y llegando a las manos del dependiente cuando pagues con la tarjeta.

(h) Si tienes problema con el control de _____, divide con tu pareja el dinero disponible. De este modo evitarás llegar a un conflicto familiar.

(Revista Quo)

Read the text again and find the words and phrases which mean the following.

(i) A precio rebajado.

(ii) Comidas o bebidas necesarias para subsistir.

(iii) Persona encargada de atender a los clientes en una tienda.

(iv) Cantidad de dinero calculado para hacer frente a ciertos gastos.

(v) La persona que recibe el dinero en una tienda.

(vi) El marido o la mujer, o la persona con la que tienes una relación sentimental.

(vii) Establecimiento comercial dividido en departamentos.

presupuesto (m)	*budget*
ceder	*to give in, yield*
cajero (m)	*cash desk*
estante (m)	*shelf*
romper	*to tear up, break*
envolver	*to wrap up*
pareja (f)	*partner*

Consolidación

Write a dialogue based on this situation (see vocabulary below).

You are in a Spanish-speaking country and you go into a department store to buy yourself a pair of shoes.

First, ask at the information desk where the shoe department is. (It is on the third floor, on the right.)

You look around and see a pair of shoes that you like. An assistant comes up to you and asks what you want. Ask her/him whether they have those shoes in black. He/she asks what size you are. Say what size you are.

The assistant comes back and says they only have those shoes in brown. She suggests you try them on if you like them. Yes, they look nice and you decide to try them on. Say they fit well, so you will take them.

Ask how much they cost. (They are 9.000 pesetas.) Ask if you can pay by credit card. (Yes, you can.)

Palabras y frases útiles	
la zapatería	*shoe department/shop*
un par de zapatos	*a pair of shoes*
¿Qué número calza Vd?	*What size shoes do you take?*
¿Por qué no se los prueba?	*Why don't you try them on?*
Me quedan bien.	*They fit well.*
en negro/marrón	*in black/brown*

10 | ESTAR EN FORMA

Objetivos

■ Describe minor ailments
■ Refer to an action in progress
■ Express indirect suggestions and commands

Tema

Unit 10 focuses on health, including minor ailments, diet, and suggestions for keeping in good shape. The activities include some authentic material dealing with specific health matters.

Diálogos

1 En el consultorio

A causa de un pequeño accidente, Carlos, un jugador de tenis, consulta a un médico.

Paciente   Buenas tardes. Tengo hora con la doctora Martínez.

Recepcionista ¿Su nombre, por favor?

Paciente   Carlos González.

Recepcionista Bien ..., tendrá que esperar un momento. La doctora está atendiendo a un paciente.

(*Después de algunos minutos.*)

             Pase, por favor.

Paciente   Buenas tardes.

Doctora	Buenas tardes, señor. Siéntese, por favor. Dígame qué le pasa.
Paciente	Ayer, mientras estaba jugando al tenis me caí y me torcí un tobillo, el de la pierna derecha. Me duele mucho y lo tengo hinchado.
Doctora	A ver …, ¿Le duele aquí?
Paciente	Ay, sí, me duele mucho.
Doctora	Bueno, por suerte no es más que un esguince, pero suelen ser bastante dolorosos y tardará unos días en sanar. Le pondré una venda para proteger el tobillo. Y trate de no mover mucho el pie. Si de aquí a quince días no se le ha pasado el dolor y la hinchazón, vuelva a verme, pero no creo que sea necesario.
Paciente	Gracias, doctora.

tener hora	*to have an appointment*
caerse	*to fall*
tobillo (m)	*ankle*
torcerse	*to sprain*
doler, duele	*to hurt, it hurts*
hinchado	*swollen*
por suerte	*luckily*
esguince (m)	*sprain, twist*
doloroso	*painful*
venda (f)	*bandage*
sanar	*to recover*
hinchazón (f)	*swelling*

✳ Nota explicativa

Mientras estaba jugando al   *While I was playing tennis I fell.*
tenis me caí.

Notice the use of the imperfect tense of **estar**, **estaba** … (*I was …*) followed by a gerund, **jugando** (*playing*) to refer to an action which was in progress when something else happened. More on this in **Notas gramaticales**.

Ejercicio de comprensión 1

Complete the spaces in this passage with one of these words:

> **moviera   por suerte   jugando   tobillo   vendó**
> **dolor   dolía   cayó   médico   hinchado**

Ayer, _____ mientras estaba _____ al tenis Carlos se _____ y se torció
el _____ de la pierna derecha. Como le _____ mucho y lo tenía _____
decidió ir a ver al _____. La doctora le dijo que _____ sólo se trataba
de un esguince. Ella le _____ el tobillo y le aconsejó que no _____
mucho el pie. Le sugirió además, que si el _____ y la hinchazón
persistían volviera a verla.

2 ¿Qué te dijo el doctor?

María Luisa, una amiga de Carlos, le pregunta sobre la visita al doctor.

María Luisa   Hola, ¿cómo te has sentido?

Carlos   Pues, no muy bien, aún no se me pasa el dolor. Ayer por la
tarde fui al médico.

María Luisa   Ah sí, ¿y qué te dijo?

Carlos   Bueno …, que no está roto el tobillo, es sólo un esguince.
Me puso una venda y me dijo que tratara de no mover
mucho el pie, y que volviera si de aquí a unos días no
estoy bien. Ya ves, no podremos jugar al tenis juntos.

María Luisa   ¡Hombre! Lo siento.

sentirse	*to feel*
Aún no se me pasa el dolor.	*The pain is still there.*
roto (from romper)	*broken (to break)*
puso (from poner)	*She put, applied*
juntos	*together*

Nota explicativa

Me dijo que tratara de no mover   *She told me to try not to move my*
el pie y **que volviera** …   *foot and to come back …*

This is an indirect suggestion derived from **Trate de no mover el pie y vuelva ...** For an explanation of this see **Notas gramaticales**.

Ejercicio de comprensión 2

Match the words from the dialogue in the first column with their equivalents in the second column:

sentirse	intentar
sentir	dentro de
pasarse	encontrarse
romper	lamentar
tratar	acabarse
volver	quebrar
de aquí a	regresar

Frases y expresiones importantes

Describing minor ailments

Me torcí un tobillo.	*I sprained an ankle.*
Me duele mucho.	*It hurts very much.*
Lo tengo hinchado.	*It is swollen.*

Describing other minor ailments

Me duele la cabeza/el estómago/ el oído/la espalda/la garganta	I have a headache/stomachache/ earache/backache/sore throat
tengo fiebre	I'm running a temperature
tengo indigestión	I have indigestion
tengo estreñimiento/diarrea	I have constipation/diarrhoea
estoy enfermo/a	I'm ill
estoy malo/a	I'm unwell
me siento mal/no me siento bien	I'm not feeling well
estoy constipado/a	I have a cold
he cogido un catarro/la gripe	I've caught a cold/the flu
me he roto la pierna/el brazo	I've broken my leg/arm

Referring to an action in progress

Está atendiendo a un paciente.	*She is looking after a patient.*
Estaba jugando al tenis.	*I was playing tennis.*

Expressing indirect suggestions or commands

Me dijo que tratara de no mover   *She told me to try not to move my*
mucho el pie y que volviera ...   *foot too much and to come back ...*

▋ Notas gramaticales

1 Estar with the gerund: for actions in progress

Estar with gerund, as in **Está atendiendo a un paciente**, refers to an action in progress at the time of speaking. To refer to an action which was in progress when something else happened, as in **Mientras estaba jugando al tenis me caí** (*While I was playing tennis I fell*), you need to use the imperfect tense of **estar** (see Unit 5) followed by a gerund.

The gerund is formed by adding **-ando**, to the stem of **-ar** verbs, e.g. jugar (*to play*), **jugando** (*playing*), and **-iendo** to the stem of **-er** and **-ir** verbs, e.g. **correr** (*to run*), **corriendo** (*running*), **subir** (*to go up*), **subiendo** (*going up*).

Note that the second action will normally be expressed in the preterite tense: **Cuando me caí** (*When I fell*). Here are some further examples:

Estoy esperando al médico.   *I'm waiting for the doctor.*
Estábamos trabajando cuando   *We were working when it*
  sucedió.   *happened.*

Nota: The continuous form (e.g. **estoy trabajando**), present or past, can often be replaced by a non-continuous verb form (e.g. **trabajo**) without altering its meaning, for example:

¿Qué estás haciendo?   *What are you doing?*
¿Qué haces?   *What are you doing?*
Estaba jugando al tenis.   *I was playing tennis.*
Jugaba al tenis.   *I was playing tennis.*

The continuous forms, however, are more specific, with the emphasis more on the action in progress rather than on the action alone.

2 Expressing indirect suggestions and commands

Look at the way this suggestion has been reported.

Vuelva si de aquí a unos días   *Come back if within a few days*
  no está bien.   *you are not well.*

Me dijo que volviera si de aquí   *She told me to come back if within*
a unos días no estoy bien.   *a few days I'm not well.*

If the verb in the first clause is in the past (e.g. **me dijo** … *she told me* …)
the verb form of the direct suggestion or command (e.g. **vuelva** … *come
back* …) changes into the imperfect subjunctive tense (e.g. … **que volviera**
… *to come back*) in the indirect sentence.

Consider now this example:

Vuelva dentro de dos semanas.   *Come back within two weeks.*
Quiere que vuelva dentro de dos   *She wants me to come back within*
dos semanas.   *two weeks.*

If the verb in the main clause is in the present tense (e.g. **quiere** …, *he/she
wants* …) the verb form in the second clause will be in the present
subjunctive tense, which is the same as that for the polite imperative,
therefore there is no change. Notice however that the verb changes if the
direct command is a familiar imperative, e.g. **Vuelve** dentro de dos
semanas, Quiere que **vuelva** dentro de dos semanas.

For the forms of the present subjunctive see Unit 6 and for the imperfect
subjunctive see Unit 9.

☑ Repaso

1 Say what you and others were doing.

Ejemplo: ¿Qué estabas haciendo? (**jugar al tenis**)
Estaba jugando al tenis.

(a) ¿Qué estabas haciendo? (**correr**)
(b) ¿Qué estabais haciendo? (**subir las escaleras**)
(c) ¿Qué estaban haciendo ellos? (**beber**)
(d) ¿Qué estaba haciendo Antonio? (**trabajar**)

2 Express indirect suggestions and commands.

Ejemplo: No mueva el pie. (**Me dijo …**)
Me dijo que no moviera el pie.

(a) Vuelva Vd. mañana. (**Me dijo que …**)
(b) Descanse Vd. un poco. (**Me aconsejó que …**)
(c) No fumen mucho. (**Nos recomendó que …**)
(d) Haz más ejercicio. (**El doctor quiere que …**)

▌Actividades

1 While on holiday in a Spanish-speaking country you have problems with your stomach and you go to the chemist to buy something. Play the part of the customer.

Farmacéutico ¿Dígame?

Cliente(a) (*Say you would like something for a stomach ache*).

Farmacéutico ¿Tiene Vd. diarrea también?

Cliente(a) (*Yes, you've also got diarrhoea. You had some fish the night before and later you began to feel unwell.*)

Farmacéutico Mire, le voy a dar estas pastillas que son muy buenas. Tome dos tres veces al día hasta que se sienta mejor. Y tenga cuidado con la alimentación. No coma nada frito.

Cliente(a) (*Thank you. How much is it?*)

Farmacéutico Son novecientas pesetas.

2 Your Spanish friend wants to know what the chemist told you. Refer to the dialogue above and answer his/her question. Notice the construction **hasta que se sienta mejor**, which carries a verb in the sunjunctive.

Amigo(a) ¿Cómo te fue en la farmacia?

Tú (*Tell your friend what the chemist gave you and what he suggested.*)

3 You have been suffering from backache due to excessive tension and stress. A Spanish friend has found some useful advice in a magazine and has passed it on to you. See how much you can understand. Here are some key words that will help you to understand it.

distender	*to relax*
tronco (m)	*trunk*
sencillo	*simple*
sentado	*seated*
flexionadas	*flexed, bent*
apoyadas	*resting*
muslo (m)	*thigh*
como te parezca	*as you like*
relajar	*to relax*

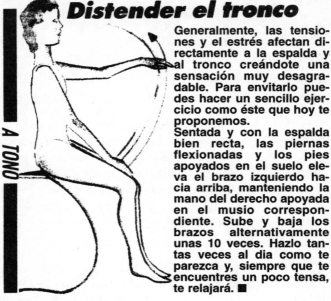

Distender el tronco

Generalmente, las tensiones y el estrés afectan directamente a la espalda y al tronco creándote una sensación muy desagradable. Para envitarlo puedes hacer un sencillo ejercicio como éste que hoy te proponemos.

Sentada y con la espalda bien recta, las piernas flexionadas y los pies apoyados en el suelo eleva el brazo izquierdo hacia arriba, manteniendo la mano del derecho apoyada en el musio correspondiente. Sube y baja los brazos alternativamente unas 10 veces. Hazlo tantas veces al dia como te parezca y, siempre que te encuentres un poco tensa, te relajará. ■

A TONO

(*Revista Mía N° 260, España*)

An English-speaking friend who suffers from backache has seen the article. He/she doesn't know any Spanish and has asked you to translate it for him/her.

4 To be healthy and in good form we must have a balanced diet. The following passage gives some information about the kind of food we ought to eat. There are some missing words in it. Fill them in with words from the list. New vocabularly will be found at the end of the book.

huevos músculos alimenticia comer mantenimiento
leguminosas alimentos proteínas productos

El hecho de _____ en exceso no quiere decir que se estén consumiendos los _____ más ricos en nutrientes. Entre los _____ que contienen mayor calidad y cantidad _____ se encuentran las carnes, pescados, aves y _____. De igual manera las _____, nueces y alegrías, que son productos sumamente ricos en _____, necesarias para la producción, _____ y reparación de los tejidos, _____, órganos, sangre, piel, cabello, etcétera.

(*Diario Excelsior, México D.F.*)

5 ¡A escuchar!

La dieta mediterránea: Modern life is altering eating habits and diet in Spain as elsewhere in Europe. The traditional Mediterranean diet, so popular in Spain, is slowly giving way to Continental habits, and food experts are concerned at how these changes may affect people's health. In a radio talk, a specialist on food and diet referred to this point, and she also compared eating habits in different regions of Spain. Listen to the talk, if you have the cassette. Otherwise, use the transcript on page 209 for reading comprehension. First, familiarise yourself with these key words and phrases, then answer the questions which follow.

tierra adentro	*inland*
alimentación	*diet*
grasa (f)	*fat*
fibra (f)	*fibre*
meseta central (f)	*central plateau*
riesgo sanitario (m)	*health risk*
equilibrada	*balanced*
saludable	*healthy*
aconsejable	*advisable*
alimentario	*diet* (adjective)

(a) Which are the Spanish regions where the Mediterranean diet is most popular?

(b) Why is the health risk higher in the central plateau, and in the north and north west?

(c) How does the Madrid diet compare with that of other Spanish regions?

(d) What sort of breakfast do people in Madrid tend to have?

(e) Why are more and more people eating outside their homes?

(f) What sort of diet do people in Catalonia tend to have?

6 Four readers of a health magazine wrote to the editor seeking help with their problems.

What are their problems? Read the letters and find out.

El sol y la piel blanca

Mi piel es sumamente blanca y cada vez que llega el verano me veo imposibilitada de tomar el sol con normalidad porque me pongo colorada y se me produce un ardor muy intenso. Además de eso, nunca consigo broncearme. ¿Qué puedo hacer? *Rosa Saavedra*

Problemas estomacales

Tengo 18 años y soy un gran aficionado al turismo aventura. Mi problema es que casi siempre me veo afectado por problemas estomacales que más de una vez han arruinado mis vacaciones. Esto suele ocurrir especialmente cuando viajo a zonas donde las condiciones higiénicas son precarias, y donde no siempre es posible encontrar asistencia médica. ¿Qué podría hacer para prevenir estos problemas? *Ignacio Carrera*

Problemas cardíacos

Desde hace unos meses siento palpitaciones muy fuertes en el pecho que, por lo general, se producen de día y sin una razón aparente. Estoy muy preocupada porque nunca me había pasado y además sólo tengo 32 años. ¿Qué me aconseja? *Claudia Parra*

Desmayo por exceso de trabajo

Desde hace un año tengo un trabajo que me exige mucho esfuerzo físico y psicológico. Llego a casa muy cansado y por la mañana me cuesta mucho levantarme. Hace unos días estaba trabajando en el jardín y me desmayé. Fui al médico y me dijo que no me preocupara, que simplemente tenía que aprender a relajarme. ¿Qué me sugieren ustedes? *Alejandro García*

(Adapted from *Revista Buena Salud*)

Which of the following suggestions would be appropriate for each person?

(a) Haz ejercicios de respiración para evitar el estrés.
(b) Puedes tener algún problema al corazón. Será mejor que pidas consejo a un especialista.
(c) Utiliza un buen bronceador que te proteja.

(d) No consumas alimentos crudos.

(e) Evita la exposición a los rayos ultravioletas, especialmente al mediodía.

(f) Hierve siempre el agua que vas a beber.

(g) Tómate unos días de vacaciones e intenta descansar los fines de semana.

(h) No te alarmes, pero si el problema continúa pide hora con un cardiólogo.

verse imposibilitado	*to be unable*
ponerse colorado	*to turn red*
ardor (m)	*burning*
verse afectado por	*to suffer from*
pecho (m)	*chest*
desmayarse	*to faint*

Consolidación

Write a dialogue between a patient and a doctor based on this situation. Then look at the model dialogue in the **Key to the exercises** and compare it with your own version.

Patient (yourself)

You were jogging on the beach in the morning when you fell and twisted your wrist. Fortunately it is your left arm. But it is very painful and it is a little swollen. Ask the doctor whether he thinks it's broken.

Doctor

You greet the patient and ask what's wrong. After the patient explains the problem you examine him/her. Luckily, the wrist is not broken. You tell the patient you are going to put a bandage round the wrist. Say he/she'd better not move his/her left arm. You are sure he/she will feel better within three or four days.

hacer footing	*to jog*
torcerse	*to twist*
la muñeca	*wrist*
el brazo izquierdo	*left arm*
vendar	*to bandage*

11 EL MUNDO QUE NOS RODEA

Objetivos

- Ask and give opinions
- Agree and disagree
- Express relationships of cause and effect
- Offer solutions
- Express unfulfilled conditions

Tema

The main focus of Unit 11, **El mundo que nos rodea** (*The world about us*), is the environment. **Dialogue 1** touches briefly on the deterioration of the environment along the Spanish coast and its effect on tourism, while **Dialogue 2** looks at traffic problems and how they affect the quality of life in big cities like Madrid. Exercises and reading passages in the **Actividades** section consider other environmental and health problems such as smoking and the destruction of the ozone layer.

"Toma... Con el sol no hay que dejar la crema"

La capa de ozono está rota y a su piel llegan rayos ultravioletas que le pueden provocar cáncer u otras enfermedades, por daño acumulativo.
Evite tomar sol entre 12 y 16 hrs., aproximadamente, y use cremas protectoras de alto factor.

Diálogos

1 ¿A qué se debe?

En una entrevista con una periodista española, el director gerente de una cadena de hoteles menciona el deterioro del medio ambiente como una de las causas de la disminución del turismo en España.

Periodista   Señor Riveros, desde hace un par de años se viene dando en España un marcado descenso del número de turistas que nos visita. ¿A qué se debe, cree Vd., esta disminución?

Sr. Riveros   Pues, creo que este descenso obedece a varios factores. Por un lado está el deseo natural de la gente de conocer otros lugares. Países como Grecia, México y algunas naciones de Asia, para nombrar sólo algunos, están gastando una buena cantidad de recursos en promover sus atracciones turísticas, con resultados bastante positivos. Por otro lado, la mayor conciencia ecológica de la población europea está haciendo que ésta mire hacia lugares más naturales, con menos contaminación, y sin las grandes aglomeraciones y el deterioro que se observa en nuestras costas.

Otra causa no menos importante es la económica. La crisis por la que han atravesado algunos países – el caso de Gran Bretaña por ejemplo es muy notorio – ha hecho que la gente limite más sus gastos de esparcimiento y vaya en busca de lugares que les resulten más favorables económicamente. España es hoy un país caro y si a esto agregamos la revalorización de la peseta, el resultado es que al turista extranjero no le favorece pasar sus vacaciones en nuestro país.

Periodista   Parece que se trata de una situación irreversible, ¿no cree Vd.?

Sr. Riveros   No, en eso no estoy de acuerdo. Pienso que se trata de una situación pasajera. Podría durar todavía uno o dos años más, pero creo que al final se estabilizará. Pero no nos podemos quedar de brazos cruzados. Habría que tomar medidas para mejorar algunos de los aspectos que he mencionado. Tendríamos que descontaminar nuestras playas y nuestro mar, habría que ajustar los precios de manera que España resulte más atractiva económicamente y, naturalmente, sería necesario mejorar la calidad de nuestros servicios. Si no hacemos nada, la situación difícilmente mejorará.

Periodista Da la impresión de que las autoridades no han tomado muy en serio el problema. ¿No cree Vd.?

Sr. Riveros Sí, en eso estoy absolutamente de acuerdo con Vd. A mi juicio, lo que está sucediendo en el sector turismo es también responsabilidad de las autoridades de gobierno, no sólo de los que trabajamos directamente en él.

medio ambiente (m)	environment
¿A qué se debe?	What is it due to?
cadena (f)	chain
Se viene dando un descenso.	There has been a decrease.
obedecer a ...	to be due to ...
recursos (m pl)	resources
atravesar	to go through
esparcimiento (m)	entertainment
revalorización (f)	revaluation
pasajero(a)	passing, temporary
Con los brazos cruzados.	Twiddling one's thumbs.
tomar medidas	to adopt measures
ajustar	to adjust
A mi juicio ...	In my opinion ...

Ejercicio de comprensión 1

Write a summary in English of the main points in the dialogue in approximately 50–80 words.

2 ¿Cuál es su opinión?

Uno de los problemas que preocupa a los españoles, como a otros europeos, es el excesivo aumento del tráfico en las grandes ciudades. Ésta es la opinión de una madrileña sobre este tema.

Entrevistador Señora, buenos días. Estamos haciendo un estudio sobre los problemas del tráfico en las grandes ciudades españolas. ¿Cuál es su opinión al respecto?

Señora ¿Cómo dice? Con el ruido del tráfico no le oigo nada.

Entrevistador	He dicho que estamos realizando un estudio sobre los problemas del tráfico en las grandes ciudades y me gustaría conocer su opinion.
Señora	Pues, ¡qué quiere que le diga! Que el tráfico en Madrid es insoportable. Aquí ya no se puede vivir. Hay cada vez más coches y más ruido.
Entrevistador	¿Estaría de acuerdo Vd. en que se limitara de alguna manera el acceso de vehículos privados al centro de la ciudad?
Señora	Desde luego. Creo que se debería favorecer más al transporte público. Si se hubiera hecho antes hoy no tendríamos este problema. Madrid sería una ciudad más limpia y con menos ruido.

preocupar	*to worry*
ruido (m)	*noise*
¡Qué quiere que le diga!	*What can I say!*
insoportable	*unbearable*
Cada vez más.	*More and more.*
desde luego	*certainly*

Notas explicativas

Si se **hubiera hecho** antes hoy no tendríamos este problema.

If it had been done before, today we wouldn't have this problem.

The first verb form, **hubiera hecho**, is that of the pluperfect subjunctive. This is followed here by the conditional tense, **no tendríamos** (*we wouldn't have*). An explanation of this will be found in **Notas gramaticales**.

Ejercicio de comprensión 2

Answer the following questions in Spanish.

(a) ¿Qué opina la señora sobre el tráfico en Madrid?
(b) Según ella, ¿cuál sería la solución para resolver el problema del tráfico?
(c) ¿Cómo favorecería a Madrid esta solución?

✏️ Frases y expresiones importantes

Asking and giving opinions

¿Cuál es su opinión?	*What is your opinion?*
Me gustaría conocer su opinión.	*I'd like to know your opinion.*
¿No cree Vd.?	*Don't you think so?*
Creo que …	*I think (that) …*
Pienso que se trata de …	*I think it is …*
A mi juicio …	*In my opinion …*

Other ways of asking and giving opinions

¿Qué opina Vd.?	*What do you think?*
¿Qué le parece esto?	*What do you think of this?*
Opino que …	*I think that …*
Me parece que …	*It seems to me that …*
Considero que …	*I consider that …*
A mi parecer …	*In my opinion …*

Agreeing and disagreeing

¿Estaría Vd. de acuerdo?	*Would you agree?*
Estoy de acuerdo.	*I agree.*
No estoy de acuerdo.	*I don't agree.*

Other ways of expressing agreement and disagreement

¡De acuerdo!	*Right, O.K. all right!*
¿Vale? (familiar)	*Is that all right?, O.K.?*
¡Vale! (familiar)	*All right, O.K.!*

Expressing relationships of cause and effect

¿A qué se debe …?	*What is it due to?*
Se debe a …	*It is due to …*
Obedece a …	*It is due to …*

Other ways of expressing relationships of cause and effect

¿Cuál es la causa/la razón/ el motivo (de) …?	*What is the reason for …?*
La causa/razón/el motivo es …	*The reason is …*

Offering solutions

Habría que (plus the
  infinitive) …

One would have to …

Tendríamos que (plus the
  infinitive) …

We would have to …

Sería necesario (plus the
  infinitive) …

It would be necessary to …

Other ways of offering solutions

La solución sería (plus the
infinitive)

The solution would be to …

Podríamos (plus the infinitive) **…**

We could …

Se podría (plus the infinitive) **…**

One could …

Expressing unfulfilled conditions

Si se hubiera hecho antes, hoy
  no tendríamos este problema.

*If it had been done before, today
we wouldn't have this problem.*

Notas gramaticales

1 The pluperfect subjunctive in unfulfilled conditions

The sentence: **Si se hubiera hecho antes, hoy no tendríamos este problema** (*If it had been done before, today we wouldn't have this problem*), expresses an unfulfilled condition (*it was not done before*). The verb in the if-clause is in the pluperfect subjunctive (**hubiera hecho**) while the verb in the main clause is in the conditional (**tendríamos**).

Formation

The pluperfect subjunctive is formed with the imperfect subjunctive of **haber** (for the formation of the imperfect subjunctive see Unit 9) followed by a past particple (for past participles see Unit 8). Remember that the imperfect subjunctive has two alternative endings, **-ra** or **-se**. Here is an example of a verb in the pluperfect subjunctive tense.

hubiera/hubiese hablado	I would have spoken
hubieras/hubieses hablado	you would have spoken (familiar)
hubiera/hubiese hablado	he/she/you would have spoken
hubiéramos/hubiésemos hablado	we would have spoken
hubierais/hubieseis hablado	you would have spoken (familiar)
hubieran/hubiesen hablado	they/you would have spoken

2 The pluperfect subjunctive and the perfect conditional

In unfulfilled conditions, the verb in the main clause is normally in the perfect conditional, which is formed with the conditional of **haber** (see Unit 8 for the conditional tense) followed by a past participle. Here is an example:

Si se hubiera hecho algo, la
situación **habría cambiado**.

*If something had been done, the
situation would have changed.*

Nota: In this type of sentence, the perfect conditional may be replaced by the pluperfect subjunctive.

Si se hubiera hecho algo, la
situación **hubiera cambiado**.

*If something had been done, the
situation would have changed.*

☑ Repaso

Express unfulfilled conditions

Ejemplo:

Subieron los precios. Disminuyó el turismo.
Si no hubieran subido los precios no habría disminuido el turismo.

Nota: To get the right form of the past participle, look up the verbs in your dictionary to see whether they belong to the 1st (**-ar**), 2nd (**-er**) or 3rd (**-er**) conjugation.

(a) Perdí mi trabajo. No fui a España.
(b) No teníamos dinero. No pudimos viajar.
(c) Aumentaron los precios. Descendió el turismo.
(d) No encontraron plaza en el avión. Tuvieron que esperar otro vuelo.

Actividades

1 More and more people are concerned about the environment and their health these days. Take for example, smoking or the destruction of the ozone layer to mention just two, Imagine you are being interviewed on the subject of smoking. Write the answers to these questions.

Pregunta Son cada vez más las personas que piensan que debería prohibirse fumar en todos los lugares públicos. ¿Está Vd. de acuerdo?

Tú *(Yes, you agree with that completely. You think people should not be allowed to smoke in public places. People who disagree with this think only of themselves. It is a well-known fact that many deaths are due to cigarette smoking.)*

Pregunta ¿Estaría Vd. de acuerdo entonces en que se prohibiera la publicidad al tabaco?

Tú *(Certainly. Cigarette advertising should have been banned long ago. If it had been done earlier many deaths would have been avoided. It would also be necessary to educate people, specially the young so that they don't take up smoking.)*

Palabras y frases útiles

permitir	to allow
un hecho muy conocido	a well-known fact
muerte (f)	death
tabaquismo (m)	cigarette smoking
prohibir	to ban
evitar	to avoid
empezar a	to take up

---

2 Pollution is a serious problem in some Latin-American cities. To reduce pollution, the Chilean local authorities in Santiago have given these recommendations to the public. Read them through and then answer the questions below.

Cuando usted camina está descontaminando. Si observa las siguientes recomendaciones contribuirá aún más en la tarea de limpiar la ciudad:

- Si tiene que recorrer distancias cortas, prefiera caminar. **Sus pies no contaminan.**
- Cruce las calles sólo en las esquinas y respete la señalización. El tránsito será más expedito y menos contaminante y su seguridad personal también será mayor.
- Suba y baje de las micros en los paraderos y exhorte a los choferes y pasajeros a respetar esta norma.
- Si tiene que tomar un medio de locomoción, prefiera el Metro.
- No suba a las micros que ostensiblemente contaminan.
- Utilice la bicicleta que tampoco contamina. Respete las normas de seguridad.

---

recorrer *to cover (distance)*
expedito *clear*
micro (m f) *bus (Chile)*
chofer (m) *driver (Chile)*
medio de locomoción (m)
  means of transport

(a) What are people advised to do when covering short distances?
(b) What means of transport is recommended?
(c) Why are people advised not to use buses?

---

3 The following passage considers the greenhouse effect (**el efecto invernadero**) caused partly by the destruction of the ozone layer (**la capa de ozono.**) Read the passage first, then translate it into English.

EL AGUJERO DE OZONO, MÁS GRANDE

La falta de ozono es también una de las causas del llamado 'efecto invernadero', que está provocando el calentamiento de la Tierra.

'No creo que los seres humanos puedan sobrevivir sin una capa de ozono, y sin ella la cantidad de radiaciones ultravioleta que llegaría del espacio a la Tierra destruiría la mayor parte de las formas de vida tal como las conocemos', explicó el director de la división de ciencias aplicadas para la Tierra de la NASA, Shelby Tilford.

El ozono también influye sobre la temperatura de las capas superiores de la atmósfera. Sin el ozono, los patrones de lluvia cambiarían drásticamente junto a otros aspectos esenciales del clima terrestre, lo que afectaría a las cosechas agrícolas y a la vida acuática.

Los científicos informaron por primera vez acerca de la formación del agujero en la capa de ozono sobre la Antártida en

1985. El hueco ha ido agrandándose paulatinamente. Los científicos opinan que el agujero en el ozono sobre la Antártida, que aparece por esta época del año, es una clara evidencia de que la contaminación causada por el hombre está dañando la atmósfera. Si esta tendencia continúa, se puede prever una alta incidencia de los casos de cáncer en la piel, daños en las cosechas y en las aguas.

(Diario Ya, España)

calentamiento (m)	*warming*
Tierra (f)	*Earth*
patrón (m)	*pattern*
cosecha (f)	*crop, harvest*
agujero (m)	*hole*
hueco (m)	*hole*
agrandarse	*to enlarge*
paulatinamente	*gradually*

4 ¡A escuchar!

El impacto del automóvil: a commentary from *Radio Nacional de España* considers the social impact of cars in Spain today. The number of cars on the road is causing serious problems, not just to do with traffic but also pollution. Car manufacturers, however, are spending millions of pesetas to try to increase their sales. There are three exercises for you to do based on a section of this programme from *Radio Nacional*:

(a) First, listen to a commercial from a car manufacturer if you have the cassette, or alternatively, read the transcript on page 210, and explain in English what the commercial is offering prospective buyers.
(b) Listen to the commentator talking about a European programme called Európolis, or read the transcript on page 211, and explain in English what problems it intends to solve. Here are some key words:

trazado (m)	*layout*
embotellamiento (m)	*traffic jam*
nerviosismo (m)	*irritability, tension*

(c) What does the commentator say about the use of computers in cars? Before you answer look at these key words.

ordenador (m)	computer
avería (f)	fault
voz (f)	voice
más de la cuenta	too much
computadora (f)	computer

5 This passage looks at pollution in Mexico City, one of the largest cities in the world. Before you read it through, look at these key words, then answer these questions:

desmedido	excessive
echar humo	to throw smoke
combustible (m)	fuel
furgoneta (f)	van
colocado	placed
no es para menos	little wonder
peligroso	dangerous
atroz	terrible
hongo (m)	mushroom
plomo (m)	lead
alojarse	to get into something
aprendizaje (m)	learning
por encima	above
impedir	to prevent, stop

(a) ¿Qué significado tiene la frase 'se paga un alto precio por un desarrollo basado en echar humo como símbolo de progreso'?

(b) ¿Cuál es la principal causa de la contaminación en la Ciudad de México?

(c) ¿Por qué se aplicó el Programa de Contingencias Ambientales en febrero?

(d) ¿Qué es el programa *Hoy no circula*?

MÉXICO LINDO, QUERIDO Y CONTAMINADO

En la capital es casi imposible respirar. La enorme polución provoca graves enfermedades y obliga a las autoridades a tomar duras medidas para atajarla.

Guadalipe Irizar, México: La capital de México lucha desesperadamente por ser un lugar habitable. Descrita hace años por los escritores Alfonso Reyes y Carlos Fuentes como 'la región más transparente', México Distrito Federal (D.F.) es hoy una de las ciudades más pobladas del planeta – entre 15 y 20 millones de habitantes – y, quizá, la más contaminada.

Sometida a un crecimiento desmedido en las últimas décadas, la capital del país sufre ahora las consecuencias de una polución incontrolada. Paga un alto precio por un desarrollo basado en echar humo como símbolo de progreso y sufre los efectos de la centralización económica, el abandono del campo y la consiguiente inmigración desde todo el país.

La contaminación atmosférica del área metropolitana está provocada por el consumo de 27 millones de litros de combustible al día. Una cantidad que pone en marcha más de 30.000 industrias, 12.000 establecimientos de servicio, · aproximadamente 2,5 millones de automóviles particulares y cerca de 170.000 vehículos de transporte público (taxis, furgonetas, microbuses, autobuses urbanos, trolebuses y metro). Esta situación ha colocado a sus habitantes en permanente estado de alerta.

No es para menos. En el mes de febrero, los índices de contaminación por ozono alcanzaron porcentajes peligrosos durante varios días-entre 250 y 350 puntos imeca (Indice Metropolitano de Calidad del Aire) cuando el nivel satisfactorio es de 0 a 100 –. Indices tan dañinos que obligaron al Gobierno en tres ocasiones a aplicar el denominado Programa de Contingencias Ambientales en su primera fase. Esta fase incluye la reducción de un 30 por ciento de la actividad industrial, reducción del 50 por ciento de la circulación de vehículos oficiales, agilización del tráfico y suspensión de las tareas de asfaltado, pintura y reparación de calles.

El ozono, un gas que produce irritación en los ojos y en las vías respiratorias, no es, sin embargo, el único elemento contaminante peligroso. Para el escritor mexicano Homero Aridjis 'mucho más peligrosas y graves son las partículas suspendidas totales, sobre las que las autoridades no informan'. Es decir, las partículas fecales y metálicas (como las de plomo) que se alojan en el organismo, sobre todo en aquellas personas que permanecen en zonas industriales.

La Administración tiene asignado un presupuesto de 4.500 millones de dólares para realizar programas contra la contaminación. Se han establecido cinco líneas estratégicas para actuar. En ellas se contemplan iniciativas como organizar sistemas de educación ambiental, promocionar la participación ciudadana y llevar a cabo planes de modernización industrial.

Limitar los coches. Se plantea, asimismo, la mejora del transporte colectivo, de la calidad de los combustibles y la reducción del transporte individual. En este sentido se ha creado el programa Hoy no circula, que impide a los particulares utilizar su coche por la ciudad un día a la semana. También se ha iniciado un programa de restauración ambiental del valle de México.

(*Cambio 16 América, Nº 1.059*)

Consolidación

1 You are having a holiday in a seaside resort in a Spanish-speaking country. It is a beautiful place, but you are alarmed by the way people throw litter on the beach. You decide to write a letter to the local newspaper about this. (a) Say you are a foreign tourist and explain why you are writing; (b) say you think the authorities should show more concern about the environment and install litter bins on the beach. The beach should be cleaned everyday, because otherwise the litter is going to contaminate the sea; (c) say that if this is not done, tourists are going to stop coming and this is going to affect the economy of the town; (d) say you hope that the authorities and the public will read your letter and will do something about it.

Palabras y frases útiles

tirar	to throw
la basura	rubbish
instalar	to install
los cubos de basura/basureros	rubbish bins
en caso contrario	otherwise
contaminar	to contaminate
dejar de venir	to stop coming
afectar la economía	to affect the economy

2 Here is some advice for helping the environment at home or at work. As you read the text try to identify the words which mean the following:

(a) de la casa

(b) vuelva a usar

(c) dañan

(d) cisterna o depósito

(e) reduzca a partículas muy pequeñas

(f) sin necesidad

(g) casa

(h) residuos, cosa que no sirve (dos palabras)

Lo que Se Puede Hacer por el Medio Ambiente

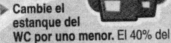

Simples conductas que si todas las personas adoptaran beneficiarían al entorno.

En el Hogar:

> Cambie el estanque del WC por uno menor. El 40% del agua hogareña se gasta allí.

> Reemplace la ducha tradicional por una que pulverice el agua. Ahorra hasta 80% de líquido.

> Evite aerosoles con CFC. Destruyen la capa de ozono.

> Mantenga en buen estado el aire acondicionado.

Desechos:

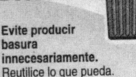

> Evite producir basura innecesariamente. Reutilice lo que pueda.

> Saque fotocopias por ambos lados.

> Separe basura en plásticos, papeles, vidrios y orgánica.

> No preparar más comida de la que necesita.

entorno (m)	*environment*
ahorrar	*to save*
evitar	*to avoid*
en buen estado	*in good condition*

12 | ELLOS Y ELLAS

Objetivos

- Express comparisons
- Express probability
- Express contrasting ideas

Tema

Unit 12 focuses on men and women and their new roles in Spanish society. It also looks at birth rate figures in different regions of Spain.

🎧 Diálogos

📼 1 Tan modernos como los demás

Una periodista entrevista a un hombre español sobre el tema del machismo.

Periodista   Pepe, a menudo se oye decir que el hombre español es más machista que los europeos del norte. ¿Estás de acuerdo con esta apreciación?

Pepe   Bueno, del tema del machismo se ha hablado mucho y se han escrito muchas cosas, pero fundamentalmente, creo yo, éste es un concepto que en las generaciones jóvenes tiene cada vez menos importancia. Con esto no quiero decir que el problema esté superado. Aún quedan muchas situaciones de desigualdad hombre-mujer que sería necesario resolver. Pero eso también es cierto de otras sociedades europeas.

Periodista   ¿Qué pasa dentro del hogar, por ejemplo? ¿Comparte el hombre español las labores domésticas?

Pepe   Hoy en día, creo que sí, aunque no mayoritariamente.
              Depende mucho de la edad de las personas y del medio
              social. Pero entre la gente joven no cabe duda de que ha
              habido un cambio de actitud. El hombre ayuda a fregar los
              cacharros, a hacer la compra, a cuidar de los hijos. Es lo que
              yo he podido observar. En eso creo que somos tan modernos
              como los demás.

estar superado	to be over
hogar (m)	home
machismo	social attitudes which discriminate against women in favour of men
labores domésticas (f)	housework
fregar los cacharros	to do the washing up
superado	solved

Notas explicativas

Notice the comparative form:

Tan modernos **como** los demás.   *As modern as the rest.*

More on comparatives in **Notas gramaticales**.

Ejercicio de comprensión 1

Write a summary in English of about 50–80 words of the main ideas
presented by Pepe in Dialogue 1.

2 La mujer en la sociedad española

Un periodista entrevista a una dirigente feminista española.

Periodista En su opinión, ¿cuáles han sido los cambios más importantes
                en lo que respecta a la situación de la mujer en la sociedad
                española?

Dirigente   A nivel general, yo diría que el cambio fundamental ha sido el
                abandono, por parte de la mujer, del papel netamente pasivo
                que la sociedad le había asignado, y su incorporación activa a
                la vida económica y social del país. A nivel más específico,
                creo que la principal transformación se ha dado dentro del
                área de la educación. La mujer española se ha incorporado
                masivamente al sistema educativo. Más de la mitad de los

estudiantes de bachillerato son de sexo femenino, y en educación superior el porcentaje de participación femenina llega casi al 50 por ciento. Sin embargo, todavía persisten diferencias en lo que respecta a la elección del tipo de estudios a seguir. La mujer aún se inclina por las profesiones consideradas tradicionalmente femeninas, mientras que en las carreras de carácter técnico se nota un claro predominio del hombre.

Periodista   ¿Qué posibilidades hay de que este desequilibrio cambie en el futuro?

Dirigente   Bueno, de hecho ya está cambiando, pero es necesario que se dé una orientación profesional más adecuada y que las universidades y otras instituciones de educación superior entreguen más información sobre las carreras técnicas que actualmente ofrecen. De esta manera, es probable que se llegue a un mayor equilibrio, puesto que la mujer es tan capaz como el hombre de desempeñarse en cualquier área de la ciencia o la tecnología. En el campo de la informática, por ejemplo, se viene apreciando un notable aumento del elemento femenino.

Periodista   ¿Comó ve Vd. la situación de la mujer en el campo laboral?

Dirigente   A mí me parece que aquí aún existen fuertes desajustes que es necesario rectificar. Por un lado, ha habido un crecimiento de la población activa femenina, frente a una reducción de la masculina. No obstante, el paro ha afectado más a la mujer que al hombre, con las consiguientes frustraciones para aquellas mujeres que desean trabajar, muchas de ellas jóvenes, pues no hay que olvidar que la problación activa femenina es más joven que la masculina.

Periodista   ¿Qué repercusiones ha tenido en el ámbito familiar este nuevo papel que ha asumido la mujer?

Dirigente   Bueno, el cambio más importante ha sido, sin duda, el descenso de la tasa de natalidad. En casi dos décadas, el número medio de hijos por mujer ha bajado ostensiblemente. En 1974, por ejemplo, era de 2,8. Hoy, en cambio, sólo alcanza al 1,7 y probablemente seguirá descendiendo.

Periodista   Se dice que uno de los campos donde la mujer española ha
tenido más dificultades para integrarse ha sido el de la
política. ¿A qué se debe, cree Vd., esta situación?

Dirigente   A mi juicio, los partidos políticos, especialmente los más
tradicionales, no se han preocupado lo suficiente de los
problemas que afectan a la población femenina. Además, las
dificultades con que la mujer se enfrenta para iniciar una
carrera política son tales, que muchas desisten de hacerlo.
Pero aquí también ha habido cambios trascendentales, y en
los últimos años, frente a las presiones del elemento
femenino dentro de los partidos, hemos visto cómo la mujer
se ha venido abriendo camino y ocupando cargos de gran
responsabilidad política. Probablemente, esta situación
seguirá mejorando.

papel (m)	*role*
bachillerato (m)	*secondary school*
desequilibrio (m)	*imbalance*
tan capaz como ...	*as capable as ...*
desempeñarse	*to perform*
de hecho	*in fact*
informática (f)	*computer science*
desajuste (m)	*imbalance*
paro (m)	*unemployment*
consiguiente	*resulting*
población activa (f)	*working population*
en el ámbito familiar.	*within the family.*
tasa de natalidad (f)	*birth rate*
número medio (m)	*average number*
abrirse camino	*to force one's way*

Notas explicativas

(a) Notice the use of the gerund after **venir** (*to come*), to refer to an action
which increases gradually with time:

Se **viene apreciando** un
notable aumento del
elemento femenino.

*A considerable increase in the
number of women is being
observed.*

La mujer se **ha venido abriendo**
camino y **ocupando** cargos de
gran responsabilidad política.

*Women are steadily forcing their
way and occupying positions of
great political responsibility.*

PERCEPCIÓN DE LA DISCRIMINACIÓN DE LA MUJER EN EL MUNDO DEL TRABAJO

%	Las mujeres tienen más, igual o menos oportunidades de trabajo			Las mujeres están mejor, igual o peor pagadas que los hombres		
	Más	Igual	Menos	Mejor	Igual	Peor
Sexo						
Varones	10	46	41	2	44	44
Mujeres	8	41	45	1	35	54
Edad						
De 18 a 25 años	7	46	45	1	48	45
De 26 a 40 años	9	38	50	2	35	57
De 41 a 50 años	9	48	39	1	39	54
De 51 a 60 años	10	45	39	3	38	48
Más de 60 años	8	43	36	2	38	40
Nivel de educación						
Menos de primarios	12	45	33	3	37	43
Primarios	8	45	43	2	41	49
Bachillerato	7	43	48	—	42	53
Superiores	7	32	60	3	34	58

PERCEPCIÓN DE LA DISCRIMINACIÓN DE LA MUJER EN LA EDUCACIÓN

(Las mujeres tienen más, igual o menos oportunidades de acceder a estudios universitarios)

%	Más	Igual	Menos	NS/NC	Total
Sexo					
Varones	3	79	12	6	100
Mujeres	2	74	15	9	100
Edad					
De 18 a 25 años	4	79	15	2	100
De 26 a 40 años	2	76	16	6	100
De 41 a 50 años	3	79	13	5	100
De 51 a 60 años	2	78	11	9	100
Más de 60 años	2	70	13	15	100
Nivel de educación					
Menos de primarios	2	70	13	15	100
Primarios	3	77	15	5	100
Bachillerato	2	83	12	3	100
Superiores	4	75	17	4	100

(b) Notice the use of the pluperfect tense, **había** with the past participle, in:

El papel que la sociedad le **había asignado**.	*The role that society had assigned to her.*

More on the pluperfect tense in **Notas gramaticales**.

Ejercicio de comprensión 2

Answer the following questions in English.

(a) What percentage of secondary school students are women?
(b) Which studies do women tend to choose?
(c) What has happened in computing with regard to the recruitment of new students?
(d) What contradiction does the feminist leader see when it comes to comparing the female and male working populations?
(e) How does the female working population compare with the male one in terms of age?
(f) What effect has the increase in the female workforce had on the family?

Frases y expresiones importantes

Expressing comparisons

La población activa femenina es más joven que la masculina.	*The female working population is younger than the male one.*
La mujer es tan capaz como el hombre.	*Women are as capable as men.*

Further comparisons

menos que	*less than*
en comparación con	*in comparison with, compared with*
frente a	*in comparison with, compared with*
mientras que	*whilst*

Expressing probability

Es probable/posible que se
llegue a un mayor
equilibrio.

*It is possible that a greater balance
may be reached.*

Probablemente/posiblemente
seguirá descendiendo.

It will probably continue to fall.

More probability
es improbable   *it is improbable, unlikely*
es poco probable   *it is not very likely*
quizá(s), tal vez, a lo mejor   *perhaps*

Expressing contrasting ideas

El porcentaje de participación
femenina llega casi al 50%.
Sin embargo, todavía
persisten diferencias ...

*The percentage of women's
participation has reached almost
50%. However, there are still
differences ...*

Ha habido un crecimiento
de la población activa
femenina, frente a una
reducción de la masculina.
No obstante, el paro ha
afectado más a la mujer
que al hombre.

*There has been an increase in
the female working population
as opposed to a decrease in the
male one. Nevertheless,
unemployment has affected
women more than men.*

Further reference to contrasting ideas
aunque   *although, though, even though*
a pesar de   *in spite of*
pese a   *despite*

⚙ Notas gramaticales

1 The pluperfect tense

The Spanish pluperfect tense (e.g. La sociedad le **había asignado** ...) is
equivalent to the English pluperfect (e.g. Society *had assigned* to her ...).

It is formed with the imperfect form of **haber** (**había, habías, había, habíamos, habíais, habían**) followed by a past participle which does not change (for the formation of past participles see Unit 8).

La sociedad le **había asignado**
un papel netamente pasivo.

Society had assigned to her a
purely passive role.

2 Comparisons

Positive comparison

La población activa femenina
es más joven que la masculina.

The female working population is
younger than the male one.

Negative comparison

La mujer hispanoamericana
es menos liberal que la
española.

Spanish-American women are
less liberal than Spanish
women.

Comparison of equality

La mujer es tan capaz como
el hombre.

Women are as capable as men.

☑ Repaso

Translate the following sentences into Spanish.

(a) She said she had not been offered the job because she was not as well qualified as the rest of the applicants.

(b) Although she is as capable as her male colleagues and works harder than them, her salary is lower than theirs.

(c) He was much older than her and had been married before. He had divorced his previous wife after three years of marriage.

el puesto/trabajo	job
estar capacitado/a	to be qualified
los colegas varones	male colleagues
el sueldo	salary
divorciarse	to divorce
el matrimonio	marriage
candidato/a	applicant

✔ Actividades

1 Study again the interview with the feminist leader and then reconstruct this passage in which some of the words have been omitted. (The missing words are not in **Key to the exercises**. See Dialogue 2.)

Periodista En su opinión, ¿cuáles _____ sido los cambios más _____ en lo que respecta _____ la situación de la _____ en la sociedad española?

Dirigente A nivel general, yo _____, que el cambio fundamental _____ sido el abandono, por _____ de la mujer, del _____ netamente pasivo que la _____ le había asignado y _____ incorporación activa a la _____ económica y social del _____. A nivel más específico, _____ que la principal transformación _____ ha dado dentro del _____ de la educación. La _____ se ha incorporado masivamente _____ sistema educativo.

2 ¡A escuchar!

Entrevista con Teresa Morales, 27 años: Teresa Morales talks to a journalist of a Spanish magazine about her life with Paco, her husband. Listen to the interview, if you have the cassette, or alternatively, read the transcript on page 211 and then answer the questions which follow. First, study these key words and phrases.

¿Cómo os arregláis?	*How do you manage?*
tareas del hogar (f)	*housework*
limpieza (f)	*cleaning*
eludir	*to avoid*
asistenta (f)	*charwoman*
planchar	*to iron*
Camino de casa.	*On the way home.*
guisar	*to cook*
fregar los platos	*to wash up*
labores compartidas	*shared work*
pareja (f)	*couple*
ajustes (m)	*adjustments*

¿Verdadero o falso?

   (a) Teresa y Paco llevan pocos años de casados.
   (b) La limpieza del piso la hace Teresa.
   (c) La comida la prepara Paco.
   (d) La asistenta friega los platos.
   (e) Teresa y Paco no funcionan bien como pareja.
   (f) Según Teresa, cuando vengan los hijos no habrá mayores cambios.

3 Complete these sentences with the appropriate word or phrase.

La mujer española ha avanzado enormemente en la lucha por sus derechos, (**pese a/en cambio/sin embargo**) todavía persisten situaciones de discriminación. Es así como, (**aunque/a pesar de/ mientras que**) la incorporación masiva de la mujer al sistema educativo, ésta sigue inclinándose por las carreras tradicionales. En el campo laboral también ha habido grandes avances, (**no obstante/pese a/ en cambio**) la mujer todavía tiene dificultades para acceder a puestos superiores. En el resto de Europa, (**en cambio/aunque/a pesar de**), el progreso ha sido más rápido, (**mientras que/pese a/aunque**) ello no significa que se haya acabado con la discriminación.

4 Carla wrote to a magazine seeking advice with a personal matter.

What is Carla's problem? Read the letter and find out.

Mi marido no quiere que trabaje

Estimada Eli:

El problema por el que te escribo es que, en siete años de matrimonio, aún no logro convencer a mi marido de que quiero trabajar. Él dice que tenemos una situación económica muy buena y que no es necesario que salga de la casa. Tenemos una hija de seis años que ya va al colegio y creo que yo podría conseguir una ocupación, al menos, de medio tiempo. Se trata de sentirme útil, ya que terminé mi carrera de ingeniería comercial y siempre soñé con realizarme en ella. Ahora no es eso lo que persigo, pero al menos hacer algo relacionado con el tema que estudié. Mi marido dice que podría hacer talleres, tomar cursos, pero creo que el problema es que él teme que yo me desarrolle profesionalmente, por miedo o celos. No sé qué hacer. ¿Cómo hacerlo entender? Carla

(Revista de El Sábado de El Mercurio, Chile)

Why do you think Carla's husband is acting the way he is? And what advice would you give her? Compare your ideas with those of the newspaper editor below and, as you do, fill in the gaps in the letter with an appropriate word from the list:

---

inseguridad cambio actividad sensación horizontes
razones apoyo estatus necesidad seria

Carla:

Da la _____ de que a tu marido le incomodaría que tú salieras a trabajar por muchas _____: posiblemente por machismo, por _____ o por celos, pero también es probable que sea por _____ social o porque piense que tu hija estará más protegida contigo en la casa.

    Creo que debieras hablar en forma muy _____ con tu marido. Dile que has decidido realizar una _____ de acuerdo a lo que estudiaste y que le estás pidiendo su _____ porque es una _____ concreta que tienes. Explícale que este _____ te producirá felicidad, satisfacción, que tus _____ van a cambiar, que van a poder conversar de otros temas.

        (Revista de El Sábado de El Mercurio, Santiago de Chile)

---

de medio tiempo	*part-time*
ingeniería comercial (f)	*economics* (L.Am.)
perseguir	*to pursue*
taller (m)	*workshop*

5 Read the following passage in which the birth rate in different regions of Spain is compared in general terms, and answer the questions.

LAS DOS ESPAÑAS

'España es tan diferente en sus partes como Chipre de Grecia o Noruega de Finlandia', afirmó el demógrafo Joaquín Arango.

Según Arango, existen dos Españas. La primera es la de la zona centro-norte, con mínimos de fecundidad, que aún siguen descendiendo, en especial en Cataluña, en niveles similares o incluso inferiores a los de los países nórdicos europeos. El descenso de la fecundidad es más leve en el centro que en el norte. La segunda España es la del sur-sudeste donde se dan altos niveles de fecundidad, semejantes a los de países mediterráneos como Portugal, Grecia y Chipre.

(Diario El País, España)

Chipre	*Cyprus*
Noruega	*Norway*
fecundidad (f)	*fertility*
incluso	*even*
leve	*slight*
semejante	*similar*

¿**Verdadero o falso?**

(a) En la región centro-norte las mujeres tienen más hijos que en la zona sur-sudeste de España.

(b) En los países del norte de Europa el nivel de fecundidad es superior al de la zona sur-sudeste de España.

(c) En el centro de España el nivel de fecundidad no es tan bajo como en el norte.

(d) En Portugal, Grecia y Chipre, las mujeres tienen tantos hijos como en la zona sur-sudeste de España.

6 The article which follows looks at birth rate in Spain in more specific terms and explains why this country has the lowest birth rate in Europe.

Which of the following reasons for the decrease in birth rate are mentioned in the text? Read the article and find out.

(a) El Estado sanciona a las familias que tienen numerosos hijos.

(b) La incorporación de la mujer al trabajo.

(c) Los españoles confían más en la ayuda estatal.

(d) Las viviendas son demasiado pequeñas como para una familia numerosa.

(e) La transformación de las costumbres que se produjo después de la desaparición de Franco.

(f) El tener hijos implica obligaciones que las parejas no quieren asumir.

(g) La adopción de medidas para el control de la natalidad.

Cuando los hijos son caros

A sus 34 años, Mariló Corral tiene un hijo de seis y duda al pensar en tener otro. Periodista de profesión, actualmente está desempleada, lo que condiciona su deseo de dar a luz de nuevo. Sin embargo, dice que la mayoría de sus amigas tienen sólo un hijo, 'pues tener un niño es muy caro'.

Este testimonio refleja algunos de los motivos del bajo índice de fecundidad que se registra en España, y que en 1997 sólo llegó a 1,13 hijos por mujer, según cifras del Instituto Nacional de Estadística Español, y a 1,15, según datos de Eurostate (Oficina Europea de Estadísticas). Esta tasa no alcanza el 2,1 necesario para asegurar el relevo generacional, y es la más baja de Europa.

Sin embargo, la caída de la natalidad en España preocupa, pero no alarma. De hecho constituye una tendencia desde 1984.

Según el sociólogo Salvador Giner, este fenómeno se debe al cambio cultural sufrido por España tras la muerte de Franco. Destaca la mayor confianza de los españoles en el Estado de bienestar, la revolución que significó el control de la natalidad y el ingreso de la mujer a la vida laboral.

Pensárselo dos veces

Inquieto y gracioso, Marc es el primer hijo de Rosalía Pallarés, una administrativa de 35 años. Casada hace cinco y medio, asegura que siempre quiso tener hijos, pero bajo una planificación familiar. 'Para traer niños al mundo es mejor pensárselo dos veces. No poder mantenerlos es una pena', dice.

Sin embargo, a juicio del investigador Diego Levis, detrás de las excusas económicas se esconde la incapacidad de las parejas para asumir la responsabilidad que representa criar y educar un hijo.

(*El Mercurio, Santiago de Chile*)

Read the text again and find another word or phrase meaning the following:

(i)   Está sin trabajo/en paro.   (v)   A juicio de…
(ii)   Tener un hijo.   (vi)   Oficinista.
(iii) Otra vez.   (vii) Pensarlo muy bien.
(iv)   Las razones.   (viii) Es una lástima.

Young Europeans as a whole base the decision of having children on a range of other reasons. Do you agree with them? Look at the chart below and compare these with the ones mentioned by the people in the article.

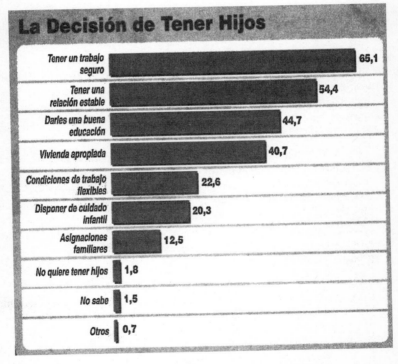

La Decisión de Tener Hijos

Tener un trabajo seguro	65,1
Tener una relación estable	54,4
Darles una buena educación	44,7
Vivienda apropiada	40,7
Condiciones de trabajo flexibles	22,6
Disponer de cuidado infantil	20,3
Asignaciones familiares	12,5
No quiere tener hijos	1,8
No sabe	1,5
Otros	0,7

(*El Mercurio, Santiago de Chile*)

cifra (f)	figure
tasa (f)	rate
caída (f)	fall
natalidad (f)	birth rate
estado de bienestar (m)	welfare state
esconderse	to hide
criar	to bring up
asignación familiar (f)	child benefit
relevo (m)	relay, replacement
pareja (f)	couple

Consolidación

Translate the following passage into Spanish.

The reason why Spanish women had not fought for their rights, as women in other European countries had done, was that the political situation under the Franco regime did not encourage this type of activity. Later, during the period of transition to democracy, all the frustrations and aspirations that had built up over the years, led to substantial changes which allowed Spanish women to find their right place in society.

In spite of the inequalities which still persist, Spanish women today are more independent and have better opportunities than before.

luchar por los derechos	to fight for one's rights
régimen (m)	regime
estimular	to encourage
durante años	over the years
conducir a	to lead to
su lugar apropiado	their right place
desigualdades (f)	inequalities
persistir	to persist

KEY TO THE EXERCISES

Unit 1

Ejercicios de comprensión 1 (a) No tiene que perder el tiempo yendo de un punto a otro de la ciudad en el coche, y no tiene un horario fijo. (b) Se considera bastante disciplinado. (c) Se sienta frente al ordenador. (d) Su familia y sus amigos conocen sus hábitos y no lo llaman por la mañana, a no ser que sea para algo importante. (e) Recibe a sus amigos, escuchan música, toman unas copas y charlan. A veces van al cine o a cenar fuera. **2** (a) Difícilmente puedo hablar. (b) Ya que. (c) A eso de. (d) Tardaría mucho tiempo. (e) No está nada mal. (f) Lo que pasa es que. (g) Tomar una copa. (h) De vez en cuando. **3** See Dialogue 3 for answers. **Repaso 1** me despierto/me levanto/me ducho/desayuno/salgo/voy/cojo/vuelvo/almuerzo/ me marcho/voy/juego/doy/me acuesto **2** trabaja/se despierta/se levanta/se ducha/desayuna/sale/va/coge/vuelve/almuerza/se marcha/va/juega/da/se acuesta **Actividades 1** (a) ¿A qué hora sales de casa? Normalmente salgo a las ocho y media. (b) ¿Y cómo vas al trabajo? Voy en el metro. (c) ¿A qué hora llegas a la oficina? Generalmente llego entre las nueve menos diez y las nueve. (d) ¿Y qué haces por la mañana? Pues, abro la correspondencia, la leo y la clasifico, escribo las cartas que me dicta mi jefe, recibo a los clientes de la empresa y fijo citas con el gerente, contesto el teléfono, asisto a reuniones … (e) ¿A qué hora y dónde almuerzas normalmente? Normalmente almuerzo a la una y media con algunos compañeros de trabajo en el bar de la esquina. (f) ¿A qué hora sales de la oficina? Salgo a las siete de la tarde. (g) ¿Y qué haces normalmente por la noche? Ceno, veo la televisión, escucho música, doy un paseo con mi novio. **2** (a) Cinco años. (b) Trabaja en la Central Clasificadora de Correos como operador postal. (c) Té y tostadas con mantequilla. (d) En el metro. (e) Trabaja todo el día en recepción, clasificación y despacho de los pequeños paquetes. (f) Una hora. **3** (a) V (b) F (c) F (d) F (e) V **4** (a) (i) Todos los días. (ii) Toma una ducha. (iii) Después. (iv) De nuevo. (v) Hacia. (vi) A lo mejor. (vii) Vestir. (b) (i) He dives in the swimming pool.

(ii) He goes to the University. (iii) He returns home to eat a light lunch. (iv) He leaves the swimming pool, takes a shower and then he studies. **Consolidación 1** Me llamo (*name*), soy (*occupation*) or trabajo como (*occupation*) en (*place of work*). Mi horario de trabajo es de 9.00 de la mañana a 5.00 de la tarde. Por lo general me levanto a las 7.00, desayuno y después cojo el autobús para ir a la oficina. Por la mañana trabajo de 9.00 a 1.00. A la 1.00 suelo comer en la cafetería de la oficina con mis colegas. Tengo una hora para almorzar. A las cinco vuelvo a casa donde suelo charlar con mi mujer/marido. Normalmente vemos la televisión, leemos el periódico y a las 8.00 cenamos. Nos acostamos a eso de las 11.00. **2** a–3, b–6, c–1, d–5, e–4, f–2. Guía de turismo.

Unit 2

Ejercicios de comprensión 1 (a) No la ha visto, pero le gustaría verla. (b) Deciden ir al día siguiente. (c) Los fines de semana suele ir a la sierra. (d) Se va el viernes por la tarde y regresa el domingo por la noche. **2** (a) Porque no había piscina en su barrio (b) Porque trabaja y está casada y tiene dos hijos pequeños. (c) Cogen el coche y se van con los chicos de paseo. (d) Le gusta pintar. **Repaso** Me/gustan/prefiero/gusta/ti/te/gustan/no/prefieres/más /A/te/me **Actividades 1** Follow Dialogue 1. **2** Tengo muy poco tiempo. Trabajo en una oficina de 9.00 a 5.00 y estoy casado(a) y tengo tres hijos. Pero cuando puedo, me gusta trabajar en el jardín y también me gusta leer. Ahora estoy leyendo una novela de García Márquez, que me gusta mucho. Ah, también estudio español, por supuesto. Me gusta mucho el español./No siempre. Aunque me gusta mucho España, es un país muy caro ahora, así que prefiero ir a algún lugar más barato./¡Fantástico! Muchas gracias. **3** (a) One is a documentary and the other a comedy. (b) The documentary is about the Civil War and the events that took place in Catalonia during the Republic. The comedy is about a school teacher who uses his hypnotic powers to impose order in his classroom. **4** (a) He recibido tu carta y me alegro mucho de que vengas a mi ciudad. (b) Estoy seguro(a) de que te gustará mucho. (c) ¿Por qué no te quedas en mi casa unos días? Me gustaría mucho. (d) Puedes llamarme por teléfono para confirmar tu llegada. **5** (a) (i) In November, at the Museo Español de Arte Contemporáneo in Madrid. (ii) Sixty-two works were shown. (iii) They belonged to Picasso's widow, Jacqueline Roque. (iv) She had committed suicide a few days before the opening of the exhibition. (b) See transcript for answers. **6** (a) F (b) F (c) V (d) F (e) V (f) F **Consolidación 2** Querido Agustín: Me alegré mucho de recibir carta tuya nuevamente y he encontrado muy interesante lo que me cuentas sobre tus actividades. La verdad es que yo no dispongo de mucho tiempo libre, ya que con mis estudios y mi trabajo estoy muy ocupado(a), pero cuando no tengo otra cosa que hacer me gusta ir al cine. Aquí ponen películas estupendas y voy al cine por lo menos una vez por semana. Como tengo vídeo en casa, a veces alquilo alguna película en un club que hay en mi barrio. En cuanto a deportes, me gusta el tenis. A pocos minutos de mi casa hay un club donde suelo jugar con mis amigos. Me gusta leer también, aunque no suelo leer mucho por falta de tiempo. Prefiero las novelas, aunque también me interesan las biografías ...

Unit 3

Ejercicio de comprensión 2 (a) Está un poco aburrida de él. (b) No está nada mal. (c) Casi cinco años. (d) El contacto con el público. (d) Enseña español a extranjeros en un instituto de idiomas. (f) Le gusta su trabajo, pero no el sueldo. **Repaso 1** (a) ¿Cuánto tiempo llevas viviendo en Londres? Llevo tres años viviendo aquí. (b) ¿Cuánto tiempo llevas estudiando inglés? Llevo dos años y medio (estudiándolo). (c) ¿Cuánto tiempo llevas jugando al fútbol? Llevo cinco años (jugando). (d) ¿Cuánto tiempo llevas tocando el piano? Llevo cuatro años (tocando). (e) ¿Cuánto tiempo llevas trabajando como camarero? Llevo seis meses (trabajando como camarero). (f) ¿Cuánto tiempo llevas haciendo yoga? Llevo tres semanas (haciendo yoga). **2** (a) Hace tres años que vive... (b) Hace dos años y medio que estudia... (c) Hace cinco años que juega... (d) Hace cuatro años que toca... (e) Hace seis meses que trabaja... (f) Hace tres semanas que hace... **Actividades 1** desde/como/de/trabajo/él/ posibilidad/diferente/busca/lo; horario/empiezo/la/los/son/; sueldo/gano/ espero/viene; gusta/trabajo/donde/irme. **2** (a) Economics or business administration. (b) Good knowledge of budget control, English and being able to use a computer. (c) Knowledge of oral and written English, minimum experience of two years, preferably in a company in the area of technology. (d) 2.500.000 pesetas gross per year. (e) Knowledge of English, vocational training or secondary school certificate. **3** Buenos días. Llamo por el anuncio en el periódico El Independiente y quisiera hablar con la señorita Toñi./¿Sí?/Está bien. Esperaré./Buenos días, soy (*name*), he visto el anuncio en el periódico El Independiente y quisiera más información acerca del puesto./Sí, trabajé como vendedor(a) durante algún tiempo, aunque nunca he vendido libros. Pero estoy dispuesto(a) a aprender. Vivo en España ahora y necesito ganar algo de dinero y éste es el tipo de trabajo que busco. Me interesa mucho./Me llamo (*name*) y vivo en (*your address*). **4** Follow model letter and change relevant information. **5** Check transcript to complete the form. (**María del Carmen Salas**) (a) ¿Podrías decirme a qué te dedicas? (b) Estoy a cargo de … (c) ¿Qué es lo que más te agrada de tu profesión? (d) El trabajo en terreno. (e) Eso es lo que más me agrada. (f) ¿Hay algo que no te guste de tu trabajo? (g) Son muy exigentes. (h) Hay que renovarse constantemente. **Javier Molina** (a) Hace cinco años. (b) Trabajaba en Madrid en una empresa privada. (c) Porque no ganaba lo suficiente. (d) Es un puesto seguro y para toda la vida. (e) Principalmente en dar información al público. (f) La mayoría pide información sobre hoteles y sobre sitios de interés en la región. **6** (a) Finding their first job. (b) It enhances the possibilities of finding a job. (c) The rate of employment among university graduates is ½ the national average, among people with higher education. (d) Languages, computing and technology in general. (e) Traditional careers such as humanities, medicine, law, biology. (f) Unemployment is higher among professional women than among men. **Consolidación 1** (a) Trabajo en… (*occupation*) or soy… (*occupation*). (b) Desde hace (un mes, dos años, etc.) (c) Trabajo de (9.00) a (5.00) or Empiezo a las (9.00) y termino a las (5.00). (d) Sí, me gusta (mucho) porque (*reason*) or No me gusta porque (*reason*). (e) No está mal or No gano mucho or No nos pagan muy bien. (f) Tengo (tres semanas) de vacaciones. **2** (a) Soy ingeniero. Construyo… (b) Soy enfermera. Cuido… (c) Soy bombero. Apago…. (d) Soy carpintero. Fabrico… (e) Soy conductora. Conduzco… (f) Soy director. Dirijo… (g) Soy profesora/catedrática. Enseño… (h) Soy cartera. Reparto…

Unit 4

¿Verdadero o falso? (a) F (b) V (c) F (d) V (e) F (f) F **Ejercicio de comprensión** (a) Porque para profesores extranjeros de español tienen cursos especiales. (b) Cuatro semanas y dos semanas respectivamente. (c) Porque no dispone de mucho tiempo. (d) Le da un folleto informativo. **Repaso 1** Me alegré/fue/hiciste/estudié/conseguí/tuve/asistí/abrió/aprendí/Tuve que/mereció. **2** (a) Me/te/la (b) Lo (c) le (d) le/me/le/se/lo (e) me/se/la/le **Actividades 1** Gracias. Es Vd. muy amable./Lo aprendí en la escuela, pero también pasé seis meses en España. ¿Habla Vd. inglés?/¿Dónde estudió francés?/Sí, hice varios años de francés en la escuela y tuve un(a) excelente profesor(a). Y también voy a Francia todos los veranos. El año pasado estuve en Cannes. Me gustó mucho. **2** (a) ¿Podría decirme si tienen Vds. cursos de español de verano? (b) ¿Cuándo empiezan? (c) ¿Qué niveles ofrecen? (d) ¿Cuánto cuestan? (e) ¿Y cuál es el horario? (f) ¿Pueden ayudarme a encontrar alojamiento? **3** *Dear Sir, This is to request information about the Spanish courses for foreigners which the University of Málaga is running this summer. Please send me detailed information about the dates on which they will take place, the levels which are offered, the timetable and the registration fees. I would be grateful too if you could tell me whether it would be possible to get accommodation through you with a Spanish family. I look forward to hearing from you. Yours sincerely,* **4** (a) By sending the registration form, two photographs and a photocopy of the document showing that payment has been sent. (b) Certificate in Spanish Language, Diploma in Hispanic Studies. (c) With families or in apartments. (d) They are grouped according to their knowledge of the language: beginners, intermediate and advanced levels. (e) 20 hours. (f) Concerts, shows, films, visits to the main monuments in the city and excursions to other cities. **5** Muy señores míos: He visto el anuncio sobre los cursos que ofrece el Centro de Estudios Eva y estoy interesado(a) en el curso de…. Les ruego que me envíen toda la información referente al curso, incluyendo la fecha en que se realiza, el valor de la inscripción, el horario y la forma de inscripción. Les agradeceré que me hagan llegar la información lo antes posible. Les saluda muy atentamente. **6** (a) F (b) V (c) F (d) F (e) V (f) F **7** (a) mil trescientos. (b) Estados Unidos. (c) europeos. (d) regresan a sus pueblos o ciudades o se van de vacaciones. (e) cursos para profesores de español. (f) para un solo alumno y con carácter intensivo, además se dan cursos específicos, para funcionarios, por ejemplo. **Consolidación** (a) Los hice en… (*place*). (b) Los empecé en (*year*). (c) Aún no los he terminado or Los terminé en… (*year*). (d) Hablo… (*languages you speak*). (e) Los hablo bien or El francés/el español lo hablo bastante bien or No los hablo muy bien. (f) Empecé en… (*month and/or year*). (g) (No) he hecho estudios universitarios. (h) Los hice en… (*university and/or town*). (i) Estudié… (*subject*). (j) Los terminé hace … (e.g. un año).

Unit 5

Ejercicios de comprensión 1 (a) Las pasó en Cuba. (b) Estuvo allí ocho días en total. (c) El hotel era excelente y estaba a cinco minutos de la playa. Tenía piscina, discoteca… (d) No, fue a través de una agencia de viajes, porque de otra manera les habría resultado muy caro. (e) Era muy maja. (f) Los viajes organizados no le gustan nada. **2** (a) México. (b) un amigo mexicano. (c) en julio. (d) agosto. (e) su amigo. (f) al Oriente. **3** (a) ¿Sigue lloviendo? (b) No ha parado de llover. (c) Está lloviendo a cántaros. (d) ¡Qué lástima! (e) ¡Es una pena! (f) ¡Ojalá!. **Repaso** viajaremos/ saldremos/llegaremos/nos quedaremos/Podrás/Estaremos/daré/harás **Actividades 1** Las pasé en San Sebastián, en el norte de España./Me gustó mucho San Sebastián. Es una ciudad muy bonita, y el hotel donde me quedé era excelente. Estaba enfrente de la playa, tenía piscina y un restaurante excelente. Y tuve mucha suerte con el tiempo. No hacía mucho calor./Fui con unos amigos. Nos llevamos muy bien, eran gente muy maja./No estuvimos mucho tiempo. Desgraciadamente, todos tuvimos que volver a trabajar./Me encantaría volver, pero el próximo año espero ir a Sudamérica. Pienso viajar a Argentina y Chile. Si tengo dinero me quedaré allí un par de semanas. Pienso tomar otro trabajo para pagar mis vacaciones. Y tú ¿fuiste de vacaciones a algún lugar?/¡Qué lástima! **2** (a) We're flying with Spanair. (b) It's a direct flight. (c) On a private bus. (d) By airplane. (e) Six days. (f) No, from Cancún. **3** (a) Iré a Cancún y Ciudad de México. (b) Primero visitaré Cancún. (c) Me quedaré quince días. (d) No, me quedaré en hoteles. **4** Mexico D.F. The capital of Mexico, surrounded by mountains, is situated in a valley at an altitude of 2.240 metres. It has a rich cultural and artistic life, and it is the intellectual centre of all Spanish America. Here you will find historical places such as el Zócalo, the National Palace, the Metropolitan Cathedral, the Aztec capital of Tenochtitlán and the world famous National Museum of Anthropology. This city, of 21 million inhabitants, is a mixture of the past and the present. It is a modern city, with wide avenues and lively squares, elegant districts, popular markets, futuristic buildings, colonial houses and barroque churches. As is customary, Club Vacaciones offers you excellent hotels at very good value. In the evenings you will be able to eat out in traditional restaurants and taste the local cuisine while you enjoy the music of the mariachis. Then you can go for a walk in plaza Garibaldi and drink a tequila while you listen to the bands which compete with each other. **5** (a) No. (b) It will be misty and later on it will be hazy. (c) It will be misty and in the afternoon it will be cloudy. (d) Pollution will be relatively low. (e) 8.20 pm. **6** (a) Estará nublado y habrá lloviznas. (b) La mínima probable será de 11 grados y la máxima de 23. (c) La mínima fue de 13,1 a las 8.00 de la mañana y la máxima de 26,8 a las 15.30. (d) Habrá nubosidad parcial, variando a despejado. (e) 14 grados. **7** (a) joven, mayor. (b) poder, adinerados. (c) rurales, ciudades. (d) habitantes, viajeros. (e) viaje, extranjero. **8** La mayoría prefiere el viaje organizado, pero con cierto grado de flexibilidad. (b) Prefieren visitar monumentos, museos, parques naturales. **Consolidación model**: Este verano fui a Tenerife, en las islas Canarias. Fui solo(a) y viajé en avión, en un vuelo directo de Londres a Tenerife. Me quedé en el Hotel Mar Azul y estuve allí quince días. Lo pasé estupendamente. Fui a la playa todos los días y por la noche salí a una discoteca con unos amigos. Leí bastante y descansé mucho. Volví hace sólo dos días. Aún no sé lo que haré en mis próximas vacaciones. Quizá vaya a Italia.

Unit 6

Ejercicios de comprensión (a) Una habitación con una cama de matrimonio y dos camas individuales. (b) Para el 24 de agosto y para siete noches. (c) 18.000 pesetas. (d) Está incluido. **¿Verdadero o falso?** (a) F (b) F (c) F (d) V (e) V **Repaso 1** está, es, está, es, son, será, está **2** para, para, para, para, para, por, para, por, por, por **3** (a) sea, (b) esté, (c) es, (d) tenga, (e) vaya, (f) llama **Actividades 2** Llamo por el anuncio en el Diario El Sur./Eso es. Busco algo para alquilar. ¿Podría darme más información sobre el apartamento?/Necesito algo que esté disponible inmediatamente./Pues, también busco algo que no sea demasiado caro. ¿Cuánto es el alquiler mensual?/Gracias. Eso es demasiado para mí. **3** (a) Vive con sus padres y sus dos hermanos menores. (b) Es grande y muy antiguo. (c) Es muy bonito, es de principios de siglo y está muy bien conservado. (d) Tiene siete habitaciones en total. (e) No, tiene su propia habitación. (f) Es una calle muy ruidosa, pero con una arquitectura interesante. (g) En la esquina. (h) Porque alquilar un piso cuesta una fortuna. **4** (a) 'Pablo se va a mudar este fin de semana a un piso estupendo a sólo quince minutos de la Plaza Mayor. Es un piso de tres habitaciones y tiene vistas al río. Va a compartirlo con dos amigos y van a pagar ciento veinte mil pesetas mensuales en total.' (b) (i) V (ii) F (iii) F (iv) V **5** The economic situation and unemployment prevents them from leaving their homes. (a) Vive con su madre. (b) Dejan el hogar cuando aún son muy jóvenes. (c) Nos llevamos perfectamente. (d) No tienes que hacer nada. (e) La casa donde nació (f) Muchos piensan así. (g) Todavía viven con sus padres. (h) El deseo de independencia se ha obstaculizado. **Consolidación** Possible answers: (a) Vivo con (mi familia). (b) Vivo en (una casa). (c) Es (propio). (d) No es ni grande ni pequeño(a), es antiguo(a), pero muy cómodo(a). (e) Tiene 5 habitaciones, la sala de estar, el comedor y tres dormitorios, aparte del baño y la cocina. (f) Me gusta porque es agradable y cómodo(a). (g) La calle es muy tranquila. (h) El barrio es bastante bueno, es residencial. (i) La estación de… está a diez minutos de la casa. (j) Los vecinos son bastante simpáticos y amistosos. (k) Pienso continuar viviendo allí, porque me gusta el barrio y la casa y no tengo suficiente dinero para comprar una casa mejor.

Unit 7

¿Verdadero o falso? (a) V (b) F (c) F **Ejercicios de comprensión 1** (a) 2.30 (b) 20 minutos (c) 2.50. **2** … *right and go as far as* Plaza Antón Martin *which is 100 metres from here. There we take* calle de León *on the left and continue as far as* calle Lope de Vega. *We have to go straight on along* Lope de Vega *until we reach* Paseo del Prado. *The museum is on the other side of the* Paseo. **3** (a) en tren o en autocar. (b) la estación de Atocha. (c) la estación Sur. (d) cada hora, a la hora. (e) siete de la mañana. (f) 11.00 p.m. **Repaso** coge/bájate/cruza/sube/sube/sigue **Actividades 1** Bien, gracias, ¿y Vd.?/Coja la línea 2 en dirección a Ventas./Sí, va directo,/Coja la línea 4 en dirección a Esperanza y bájese en America. Allí cambie a la línea 1 en dirección a Castilla. Esa línea le llevará a Colombia./Voy a ir al Museo del Prado y después almorzaré con un amigo español./¡Por qué no! Volveré al hotel sobre las 7.00. **2** Model dialogues: (a) **A:** ¿Podría decirme por dónde se va al Banco Central? **B:** Sí, mire, siga Vd. todo recto por la calle Juan Bravo hasta General Pardiñas y allí doble a la derecha. El Banco Central está a dos calles de allí, en la esquina de Ortega y Gasset, al lado de la Oficina de Turismo. (b) **A:** Perdone, ¿puede decirme dónde está el Hotel Plaza? **B:** Sí, siga Vd. por la calle de Serrano hasta Ortega y Gasset y allí doble a la izquierda. Suba por Ortega y Gasset. El Hotel Plaza está en la Plaza del Marqués de Salamanca, entre Velázquez y Príncipe de Vergara. **3** salir/doble/vaya/más/tome/dirección/bájese/está/cuadras/dirección/doble/siga/hasta/esquina. **4** decirle/tiene que buscar/coja/bájese/cruce/siga/verá/su derecha/siga/tuerza/se pierda. **5** Model dialogue: **A:** Buenas tardes, quisiera viajar a París. ¿Podría decirme qué trenes hay? **B:** Hay un tren que sale a las 18.15 y otro que sale a las 19.35. **A:** ¿Y cuánto tiempo tardan? **B:** El que sale a las 18.15 tarda aproximadamente 16 horas. **A:** ¿A qué hora llega a París? **B:** Llega a París a las 10.30 de la mañana. **A:** ¿Y el de las 19.35? **B:** Ese tarda 13 horas. Llega a París a las 8.32. **A:** ¿Hay que hacer transbordo? **B:** Si viaja en el de las 18.15 tiene que transbordar en Hendaya, el otro va directo. **A:** ¿Cuánto cuesta el billete en el de las 19.35? **B:** Cuesta... pesetas. **A:** ¿Puedo comprarlo aquí mismo? **B:** No, tiene que ir a una de las ventanillas que están enfrente. **6** (a) To go to the airport, you must go straight on as far as the second traffic light, there you have to turn left and continue along that street till the end. There you'll find the main road. To go to the airport you have to turn right. (b) The tourist office is far from here, but you can go on the metro. Take line 1 to La Unión station. On leaving the station you'll see the Museum of Modern Art. The tourist office is behind the museum, on calle Libertad. **7** (a) viaja/viajar, elige/elegir, pide/pedir, no dudes/dudar, haz/hacer, contrata/contratar, aprovecha/aprovechar, ten/tener. (b) acceder, planear, listado, por separado, la tarifa global, con soltura. **Consolidación** Use note in Exercise 4 as a guideline and refer to the introductory dialogues and other relevant sections of the unit.

Unit 8

Ejercicios de comprensión 1 (a) ¿Dígame? (b) aún (c) inmediatamente (d) urgentemente (e) lamentablemente (f) sobre (g) llamar por teléfono (h) ocurrir **2** espere (esperar)/marque (marcar)/pase (pasar) **3** Correos/muestras/recomienda/postal/urgencia/ventaja/certificado/entrega/caro/conviene **4** (a) Lo alquilaron en Manchester. (b) La hicieron para el día catorce. (c) La hizo el Sr. Brown. (d) La tenía para el día quince. (e) Porque no tienen ningún coche disponible. (f) Les aconsejan que hablen con el encargado. **Repaso 1** ha llamado/han llegado/han reservado/he ido/he dejado/ha invitado. **2** (a) la transferencia llegaría mañana. (b) tardaría una semana. (c) la carta estaría allí el lunes. (d) nos entregarían el coche esta tarde. (e) me repararía el coche ahora mismo. (f) me llamaría por teléfono esta noche. **Actividades 1** Model dialogue: **A:** Buenas tardes. He escrito a mi banco en Inglaterra pidiéndoles que me transfieran dinero a mi cuenta corriente en este banco. Quisiera saber si ha llegado la transferencia. Esta es la tercera vez que vengo. **B:** Un momento, por favor... Mire, lo siento, pero su transferencia aún no ha llegado. **A:** ¡Esto es el colmo! **B:** Lo siento mucho. Le aconsejo que escriba a su banco para averiguar lo que ha pasado. **A:** Pero si yo estoy seguro(a) que el dinero ha sido enviado. Mi padre me telefoneó y me dijo que recibiría el dinero en 48 horas. No quiero perder más el tiempo. Exijo hablar con el director del banco para hacer una reclamación. ¡Esto es el colmo de la incompetencia! **2** Primero pon varias monedas de (una libra) en la ranura, en seguida levanta el auricular y espera el tono de marcar. Marca el 00 y después el 343, seguido del número de tus padres. Las monedas caerán cuando se establezca la comunicación. **3** *At the Banco Popular Español you will always find a friend to advise you about: How to buy a car, a house or an apartment. How to sell it and send home the capital and capital gains./How to let your apartment or house./How to bring in to the country your motorboat, your car, your furniture and your pets./The taxes you have to pay in Spain and how to avoid double taxation./How to insure your flat or house against burglary, fire, flooding./What to do in case of illness and other health and family matters.* **4** (a) (i) A service for you to express your opinions and complaints. (ii) You have to dial phone 31 45 45. It is an automatic answer-phone which operates 24 hours a day. (b) (i) in a hotel (ii) in a garage (iii) in a restaurant **5 Ejemplos: 1** El primer lector se queja de las molestias que le causó una línea aérea por la sobreventa de billetes, la que le impidió a él y su mujer realizar el viaje que tenían planeado. **2** La segunda persona se queja sobre la utilización del inglés en lugar del español en las indicaciones en un hotel en Ibiza, donde pasó sus vacaciones. (a) ya que. (b) insólito. (c) nos quejamos. (d) iniciar. (e) indignación. (f) descortés. (g) nunca lo había experimentado. (h) una suerte de. **Consolidación 1** a–5, b–3, c–1, d–6, e–4, f–2. **2** Model dialogue: **A:** Buenos días. Tenemos una habitación reservada a nombre de … (*name*). **B:** Perdone, pero su reserva es a partir del 15 y hoy es 10. **A:** Pues, estoy seguro que era para el 10. Yo mismo hice la reserva. **B:** Lo siento mucho, alguien debe de haber cometido un error. Lamentablemente no tenemos ninguna habitación disponible en este momento. Tendrán que ir a otro hotel, al menos hasta el día 15. **A:** ¡Esto no puede ser! Es la primera vez que me sucede una cosa así. Quiero hablar con el gerente ahora mismo para hacer una reclamación.

Unit 9

Ejercicios de comprensión 1 tienda/bolso/cumpleaños/oferta/guste/ llevar/tarjeta de crédito/envuelva. **¿Verdadero o falso?** (a) F (b) F (c) V (d) F **2** (a) La imagen no se ve muy bien. (b) Lo va a revisar y le dará un presupuesto al cliente por la reparación. (c) Necesita la aprobación del cliente. **Repaso 1** (a) Si tuviera vacaciones viajaría a España. (b) Si el coche no estuviera en mal estado lo compraría. (c) Si mereciera la pena lo haríamos reparar. (d) Si no tuvieran que volver al trabajo se quedarían. (e) Si no estuviera ocupado los recibiría. (f) Si él hablara bien español ella le entendería. **2** (a) Tuve que vender el piso. (b) Tenía que decirte algo importante. (c) No hay nada que hacer. (d) Debo llevar el pasaporte. (e) Necesitaba comprar una maleta. (f) Habrá que traer algo para beber. **Actividades 1** Quisiera un par de pantalones./Sí, son para mí./Sí, me gustan mucho. ¿Los tiene en negro?./Talla cuarenta y seis./Quisiera probármelos./ Me quedan bien. ¿Cuánto cuestan?./Son un poco caros, pero me gustan. Me los quedo. ¿Puedo pagar con tarjeta de crédito? **2** Quisiera unas tazas y platillos que vi anoche en el escaparate./Eran de cerámica, de color verde y tenían una banda de color amarillo./No, no tenían asa./¡Qué lástima! **3** *Dear Pat, What a surprise to hear from you again! I'm glad you're well and I hope you do very well in your final exams. Thank you very much for your invitation for this summer, but unfortunately I don't have enough money to travel. If I could I would certainly come and see you. You don't know how much I'd like it! Next year perhaps, but I'll have to work very hard to save money as the trip is very expensive. You will have to come to Venezuela too some day. I don't need to invite you formally. I'll be waiting for you. Love Raúl.* **4** (a) Luis. (b) Raquel. (c) Ana. (d) Raquel. (e) Ana. (f) Luis. (i) Luis. (ii) Ana. (iii) Luis. (iv) Raquel. (v) Ana. **5** (a) (i) Cuando necesita algo con urgencia. (ii) Cuando necesita varias cosas, porque pierde menos tiempo, hay más variedad, y no resulta más caro. (iii) En el supermercado. (b) (i) F (ii) V (iii) F (c) (i) Check words in **Transcript of ¡A escuchar!** on page 209. (ii) *No, that is done by his wife. Sometimes he accompanies her, but normally he hasn't got time. They have a small supermarket in the area where they buy almost everything. Except for fruit and vegetables, which are bought in the market. It is cheaper and more fresh.* **6** *Tourist Apartments – The following services are included in the price of accommodation: water, electricity and gas, rubbish collection and service charges./When making your reservation, you may be asked to pay a deposit of 15 to 40 per cent of the total price agreed./If you decide to cancel your reservation, you are entitled to a refund of the deposit, minus a deduction of five to 50 per cent, depending on how much notice is given. If the cancellation is made less than seven days in advance, there is no refund.* **7** (a) lista. (b) vacío. (c) tentación. (d) precio. (e) estantes. (f) vergüenza. (g) bolsillo. (h) gastos. (i) en oferta. (ii) alimentos. (iii) dependiente. (iv) presupuesto. (v) cajero. (vi) pareja. (vii) almacén.

Consolidación Model dialogue: **A:** ¿Podría decirme dónde está la zapatería, por favor? **B:** Está en el tercer piso a la derecha. **A:** Gracias (*En la zapatería*) **C:** ¿Qué desea? **A:** ¿Tiene esos zapatos en color negro? **C:** ¿Qué número calza Vd.? **A:** Cuarenta. **C:** Un momento, por favor ... Lo siento, pero sólo los tenemos en marrón. ¿Por qué no se los prueba si le gustan? **A:** Sí, son bonitos. Me los voy a probar ... Sí, me quedan bien. Me los quedo. ¿Cuánto cuestan? **C:** Nueve mil pesetas. **A:** ¿Puedo pagar con tarjeta de crédito? **C:** Sí, por supuesto.

Unit 10

Ejercicios de comprensión 1 jugando/cayó/tobillo/dolía/hinchado/ médico/por suerte/vendó/moviera/dolor **2** sentirse/encontrarse; sentir/ lamentar; pasarse/acabarse; romper/quebrar; tratar/intentar; volver/ regresar; de aquí a/dentro de. **Repaso 1** (a) Estaba corriendo. (b) Estábamos subiendo las escaleras. (c) Estaban bebiendo. (d) Estaba trabajando. **2** (a) Me dijo que volviera mañana. (b) Me aconsejó que descansara un poco. (c) Nos recomendó que no fumáramos mucho. (d) El doctor quiere que haga más ejercicio. **Actividades 1** Quisiera algo para el dolor de estómago./Sí, también tengo diarrea. Comí pescado anoche y después empecé a sentirme mal./Gracias. ¿Cuánto es? **2** Me dio unas pastillas. Me dijo que tomara dos tres veces al día hasta que me sintiera mejor. También me aconsejó que tuviera cuidado con la alimentación y que no comiera nada frito. **3** *Generally, tension and stress directly affect your back and torso causing much discomfort. To avoid this you can do a simple exercise which we suggest for this./Sit down with your shoulders well back, legs bent, feet on the ground. Stretch your left arm out in front of you, keep your right hand resting on your right thigh. Do a see-saw motion using alternate arms. Repeat about ten times. Do this as many times a day as you like whenever you feel tense. It will relax you.* **4** comer/ alimentos/productos/alimenticia/huevos/leguminosas/proteínas/manteni- miento/músculos **5** (a) In Andalusia and Levante. (b) Because the diet in these regions includes an excessive amount of proteins, animal fats and sugar. (c) In Madrid, the diet is balanced and healthy, better than in the capitals of other Spanish communities. (d) Breakfasts are light. (e) Because of their work. (f) The diet in Catalonia includes an excessive amount of proteins, fats and not many carbohydrates. **6** Rosa's skin is too white and she easily gets sunburned. Ignacio suffers from stomach upsets when on holiday. Claudia suffers from palpitations. Alejandro is working too hard and he fainted while working in the garden. Rosa, (c) and (e). Ignacio, (d) and (f). Claudia, (b) and (h). Alejandro, (a) and (g). **Consolidación** Model dialogue: **A:** Buenos días, doctor. **B:** Buenos días. ¿Qué le pasa? **A:** Esta mañana estaba haciendo footing en la playa y me caí y me torcí la muñeca. Por suerte es el brazo izquierdo, pero me duele mucho y está un poco hinchado. ¿Cree Vd. que esté roto? **B:** Déjeme ver el brazo ... No, afortunadamente no está quebrado. Le pondré una venda alrededor de la muñeca. Y es mejor que no mueva el brazo izquierdo. Estoy seguro de que dentro de tres o cuatro días se sentirá mejor.

Unit 11

Ejercicios de comprensión 1 Model summary: Señor Riveros thinks that the decrease in the number of tourists coming to Spain is due to several factors: people wish to see other places, and other countries are also promoting their tourist attractions; people have also become more aware of the environment and therefore they are looking for places which are less contaminated and less crowded; the economic crisis which has affected some countries has also led to a decline in tourism. Spain has become as expensive country and people are looking for cheaper places. **2** (a) Piensa que el tráfico en Madrid es insoportable. (b) Ella cree que se debería favorecer más al transporte público. (c) Madrid sería una ciudad más limpia y con menos ruido. **Repaso** (a) Si no hubiera perdido mi trabajo habría/ hubiera ido a España. (b) Si hubiéramos tenido dinero habríamos/ hubiéramos podido viajar. (c) Si no hubieran aumentado los precios no habría/hubiera descendido el turismo. (d) Si hubieran encontrado plaza en el avión no habrían/hubieran tenido que esperar otro vuelo. **Actividades 1** Sí, estoy totalmente de acuerdo con eso. No debería permitirse que la gente fume en lugares públicos. Es un hecho muy conocido que muchas muertes se deben al tabaquismo./Por supuesto. La publicidad al tabaco debería haberse prohibido hace mucho tiempo. Si se hubiera hecho antes se habrían evitado muchas muertes. También sería necesario educar a la gente, especialmente a los jóvenes para que no empiecen a fumar. **2** (a) They are advised to walk. (b) The underground rail system (the **metro**). (c) Because buses cause pollution. **3** *The hole in the ozone layer, it's getting bigger! The disappearance of ozone is also one of the causes of, what is called, the 'greenhouse effect', which is stimulating the warming of the Earth./'I do not believe that the human species can survive without an ozone layer, without which the levels of ultraviolet radiation reaching*

Earth from space would destroy the majority of life forms as we know them,' explained the director of the division of applied Earth sciences at NASA, Shelby Tilford./*Ozone also influences the temperature at the highest atmospheric levels. Without the ozone, a drastically changed weather pattern which is linked to other essential aspects of the Earth's climate, would affect crops and sea life./*Scientists first observed a hole forming in the ozone layer over Antarctica in 1985. The aperture has gradually grown. Scientific opinion is that the hole in the ozone layer, which appeared for the first time over Antarctica in that year, is clear proof that pollution created by man is damaging the atmosphere. If this trend continues, they foresee an increase in the rate of cases of skin cancer, damage to crops and oceans.* **4** (a) The commercial is offering prospective buyers a 100.000 pesetas discount on the Seat Málaga. (b) It intends to solve traffic problems such as traffic jams which help to increase pollution and tension among drivers. (c) There are cars with computers which can detect faults, which respond only to the voice of the owner or which refuse to start when the driver has drunk too much. A new computer system is being planned which, from a central unit, will not only control traffic, but will also give car computers information such as the best route to follow, the time of arrival at a certain destination or where you can find a parking place. **5** (a) Significa que la base del desarrollo y del progreso económico ha sido la creación de industrias en la Ciudad de México. (b) La principal causa es el combustible que consumen las industrias y los vehículos. (c) Porque la contaminación alcanzó niveles peligrosos durante varios días. (d) Este programa prohíbe a los particulares utilizar su coche por la ciudad un día a la semana. **Consolidación 1** Model letter: Señor Director: Soy un turista extranjero y escribo a su periódico para quejarme de la forma como la gente tira basura en la playa. Creo que las autoridades deberían mostrar más preocupación por el medio ambiente e instalar en la playa cubos de basura. La playa debería limpiarse cada día, ya que de otra manera la basura va a contaminar el mar. Si esto no se hace, los turistas dejarán de venir, lo cual afectará la economía de la ciudad. Espero que las autoridades y el público en general lean esta carta y hagan algo al respecto. **2** (a) hogareño. (b) reutilice. (c) destruyen. (d) estanque. (e) pulverice. (f) innecesariamente. (g) hogar. (h) desechos, basura.

Unit 12

Ejercicios de comprensión 1 Pepe thinks that machismo is less prevalent in the younger generations, although there are, in his opinion, many problems of inequality between men and women which would be necessary to solve. But this is also true of other European societies. To what extent men share housework with women, depends on people's age and their social background, but generally speaking, Spanish men nowadays tend to share housework with women. **2** (a) More than half of secondary school pupils are women. (b) Women tend to choose studies which traditionally have been considered as appropriate for women. (c) There has been a notorious increase in the number of women. (d) On the one hand, there has been an increase in the female work force and a decrease in the male work force. However, unemployment has affected women more than men. (e) The female working population is younger than the male one. (f) The average number of children per woman has gone down. **Repaso** (a) Ella dijo que no le habían ofrecido el puesto porque no estaba tan capacitada como el resto de los candidatos. (b) Aunque ella es tan capaz como sus colegas varones y trabaja más que ellos, su sueldo es más bajo que el de ellos. (c) Él era mayor que ella y había estado casado antes. Se había divorciado de su esposa anterior después de tres años de matrimonio. **Actividades 2** (a) F (b) F (c) V (d) F (e) F (f) V **3** sin embargo/a pesar de/no obstante/en cambio/aunque **4** Carla's husband does not want her to go to work./sensación, razones, inseguridad, estatus, seria, actividad, apoyo, necesidad, cambio, horizontes. **5** (a) F (b) F (c) V (d) V **6** b, c, e, f, g. (i) Está desempleada. (ii) Dar a luz. (iii) De nuevo. (iv) Los motivos. (v) Según. (vi) Administrativa. (vii) Pensarlo dos veces. (viii) Es una pena. **Consolidación** La razón por la cual las mujeres españolas no habían luchado por sus derechos como lo habían hecho las mujeres en otros países europeos, fue que la situación política bajo el régimen de Franco no estimulaba este tipo de actividades. Más tarde, durante el período de transición a la democracia, todas las frustraciones y aspiraciones que se habían acumulado durante años, llevaron a cambios sustanciales que permitieron a la mujer española encontrar un lugar apropiado en la sociedad./A pesar de las desigualdades que aún persisten, las mujeres españolas de hoy son más independientes y tienen mejores oportunidades que antes.

¡A ESCUCHAR!
TRANSCRIPTS

Unit 1

Antonio	Hola, Pilar. ¿Cómo estás?
Pilar	Muy bien, ¿y tú?
Antonio	Bien, gracias. Ayer vi a María y me dijo que ya habías encontrado trabajo. Me alegro mucho. Estarás muy contenta, ¿no?
Pilar	Por supuesto. Estoy trabajando en un colegio cerca de casa. Es un colegio muy bueno, pero hay que trabajar muchísimo. Empiezo a las ocho de la mañana y no salgo hasta la una.
Antonio	Te levantas muy temprano, entonces.
Pilar	A las siete de la mañana. Por suerte está muy cerca de casa, y en quince minutos estoy allí.
Antonio	¿Y por la tarde no trabajas?
Pilar	Por ahora no, pero con lo del colegio tengo bastante que hacer. Por la tarde preparo las clases, a veces tengo reuniones con los padres o con otros profesores. ¡En fin! Me falta tiempo para hacer todo lo que quisiera. Pero tenemos que vernos uno de estos días.
Antonio	Sí, por supuesto. No trabajas los sábados, ¿verdad?
Pilar	No, los sábados estoy libre.
Antonio	Bueno, ¿por qué no me acompañas a comprar un regalo el sábado por la mañana? Mi hermana está de cumpleaños y no sé qué regalarle.
Pilar	De acuerdo. ¿A qué hora?
Antonio	¿A las once te parece bien?
Pilar	Sí, está bien.
Antonio	Bueno, pasaré a buscarte a esa hora. Hasta el sábado, entonces.
Pilar	¡Chao!

Unit 2

(a)   Largas colas se han formado en noviembre a las puertas del Museo Español de Arte Contemporáneo de Madrid. El motivo era ver la exposición realizada con sesenta y dos obras de Picasso pertenecientes a la colección privada de su viuda, Jacqueline Roque, que se había suicidado pocos días antes de abrirse la muestra.

A la exposición acudió desde el primer momento un público muy amplio y heterogéneo, lo que demuestra la gran atracción popular que provoca este artista, por encima incluso de la incomprensión que aún despierta su obra entre algunos espectadores.

(b)   La presencia de España en ciudades estadounidenses como Nueva York y Washington se ha visto aumentada estos últimos meses con la intensificación de diversos actos culturales: muestras de cine, exposiciones de arte, conciertos de música …

En noviembre, en concreto, se estrenó en Washington una ópera basada en la vida del pintor aragonés Francisco de Goya, acontecimiento al que asistió la Reina doña Sofía.

La obra fue escrita por el compositor italiano Gian Varlo Menotti, y está interpretada en su papel principal por el afamado tenor español Plácido Domingo.

(Radio Nacional de España, Servicio de Cooperación Cultural)

Unit 3

María del Carmen Salas

Periodista	¿Cómo te llamas?
M. del Carmen	Me llamo María del Carmen Salas.
Periodista	¿Cuántos años tienes?
M. del Carmen	Tengo 38 años.
Periodista	¿Podrías decirme a qué te dedicas?
M. del Carmen	Soy periodista. Trabajo en la revista *Claudia*. Es una revista femenina que se publica en Madrid una vez por semana.
Periodista	¿Tienes alguna responsabilidad especial dentro de la revista?
M. del Carmen	Bueno, la revista tiene varias secciones especializadas y yo estoy a cargo de la sección Salud. Escribo artículos

relacionados con el tema de la salud, que sean de especial interés para la mujer. Además, realizo entrevistas con médicos y otros profesionales que tengan que ver con el tema.

Periodista ¿Qué es lo que más te agrada de tu profesión?

M. del Carmen Pues, principalmente el contacto con la gente, el trabajo en terreno, salir a hacer entrevistas, también el contacto con las lectoras a través de correspondencia. Creo que eso es lo que más me agrada. Además, ésta es una actividad muy creativa, hay que saber usar la imaginación y hacer cosas diferentes para satisfacer a la mayoría de las lectoras.

Periodista ¿Hay algo que no te guste de tu trabajo?

M. del Carmen Que no me guste, no, pero debo confesar que es una profesión que exige mucha dedicación, hay que estar dispuesta a aceptar críticas, ya que las lectoras son muy exigentes, y hay que renovarse constantemente. Y eso no es nada fácil.

Javier Molina

Periodista ¿Cómo te llamas?

J. Molina Me llamo Javier Molina Sánchez.

Periodista ¿Qué edad tienes Javier?

J. Molina Tengo 29 años.

Periodista ¿En qué trabajas?

J. Molina Soy funcionario de la Oficina de Turismo de Alicante.

Periodista ¿Llevas mucho tiempo trabajando allí?

J. Molina Trabajo allí desde hace cinco años.

Periodista ¿Dónde trabajabas antes?

J. Molina En Madrid. Trabajaba en una empresa privada, pero no ganaba lo suficiente y decidí cambiarme. Tuve suerte al encontrar un puesto aquí. Ahora tengo un trabajo seguro y para toda la vida. Al menos así lo espero. Y el sueldo no está nada mal. Por otra parte, Alicante es una ciudad muy agradable para vivir, es un lugar tranquilo. Y la propiedad aquí está más barata que en Madrid. Así he podido comprarme un pequeño piso. En Madrid ahora es imposible. ¡Con esos precios!

Periodista	¿En qué consiste tu trabajo específicamente?
J. Molina	Pues, principalmente en dar información al público. A Alicante vienen muchísimos turistas, muchos ingleses, alemanes … Muchos no hablan castellano y yo sé inglés y algo de alemán también. La mayoría viene a pedir información sobre hoteles y sobre sitios de interés en la región. Es una región muy bonita y el clima es estupendo.

Unit 4

Pregunta	Gloria, me gustaría que hablásemos un poco acerca del tema de la educación y de tu propia experiencia como estudiante. Seguramente tendrás muchos recuerdos de aquella época. Después de todo eres muy joven y no te habrás olvidado aún, ¿verdad? ¿Cuándo dejaste el colegio?
Respuesta	Hace casi dos años. Tengo muchos recuerdos agradables del colegio. Fue una época muy feliz de mi vida.
Pregunta	¿Dónde hiciste tus estudios?
Respuesta	En un colegio religioso de La Coruña. Era un colegio sólo para chicas. La verdad es que me habría gustado ir a un colegio donde hubiese habido chicos, pero vamos, mis padres quisieron que fuese allí y no estuvo nada mal. Por el contrario, disfruté muchísimo y me hice de excelentes amigas allí.
Pregunta	En pocas palabras, ¿cómo describirías el colegio donde fuiste?
Respuesta	Pues, era bastante bueno. Los profesores eran muy estrictos y nos hacían trabajar mucho. En general, guardo un buen recuerdo de ellos. Había excepciones, claro, como es normal. La profesora de matemáticas, por ejemplo, no me gustaba nada. No tenía sentido del humor y nos llevábamos muy mal. En cambio, con otros no. La profesora de historia era una persona simpatiquísima y mis relaciones con ella fueron siempre estupendas.
Pregunta	¿Fuiste una buena estudiante?
Respuesta	Ni buena ni mala. Dependía de la asignatura. Había asignaturas que me gustaban mucho y otras que simplemente no me gustaban. En historia y en inglés, por ejemplo, nunca tuve problemas. Eran mis asignaturas favoritas y estudiaba muchísimo. En cambio, en matemáticas y ciencias me iba bastante mal y más de una vez suspendí.

Pregunta	¿Y a qué te dedicas ahora?
Respuesta	Estudio en una escuela de traductores e intérpretes.

Unit 5

El tiempo

Nublado con lloviznas y temperaturas extremas probables de once la mínima y veintitrés grados la máxima anunció para hoy en Santiago la Dirección Meteorológica de Chile. Las temperaturas extremas de ayer en la capital fueron trece grados, una décima (13,1), la mínima, a las ocho de la mañana y veintiséis grados, ocho décimas (26,8), la máxima, a las quince horas y treinta minutos (15,30). Perspectivas para mañana viernes veintiuno de febrero en el área metropolitana, nubosidad parcial variando a despejado. Temperatura del momento, catorce grados, siete décimas (14,7) con una humedad relativa de un ochenta y siete por ciento (87 por ciento).

Ocho de la mañana, dieciséis minutos (8,16). Hasta aquí las informaciones. Por su atención muchas gracias y buenos días.

(Radio El Conquistador, Santiago de Chile).

Unit 6

(a) Un nuevo piso

Soledad	Hola, ¿qué hay?
Pablo	Hola.
Soledad	¿Y cómo os ha ido con la búsqueda de piso? ¿Habéis encontrado algo?
Pablo	Pues, sí, por fin hemos encontrado lo que buscábamos. No sabes lo difícil que ha sido.
Soledad	¡Hombre!, me alegro. ¿Y qué tal es?
Pablo	Pues, no está nada mal. Está a unos quince minutos en autobús de la Plaza Mayor. En la calle Conde de Villaseca. ¿La conoces?
Soledad	Sí, sí, por allí vive mi hermana. Es un barrio bastante bueno y muy tranquilo.
Pablo	Y el piso es bastante grande. Tiene tres habitaciones, mucho sol y una vista estupenda. Desde allí se puede ver el río.
Soledad	¡Qué maravilla! Y de precio, ¿qué tal?
Pablo	Un poco caro, ciento veinte mil pesetas al mes, pero vamos . . , somos tres, cuarenta mil pesetas cada uno, que tampoco es demasiado. ¿No te parece?

Soledad	Está bien. Yo estoy pagando sobre ochenta mil. ¿Os habéis mudado ya?
Pablo	No, todavía no, pero lo haremos este fin de semana. Tendrás que venir a vernos.
Soledad	Por supuesto.

(b) Hotel O'Higgins

Hotel O'Higgins de Viña del Mar le ofrece un fin de semana grande con precios para chicos. Dos noches, tres días, para dos adultos y hasta dos niños menores de doce años sin costo en la misma habitación por sólo treinta y cinco mil pesos. Incluye desayuno e impuesto. Además, sus niños disfrutarán del plan familiar del Hotel O'Higgins donde personal especializado realiza actividades y entretenciones para que usted pueda tomar un merecido descanso. Reservas en Santiago, teléfonos 713165 y 696 6826.

(Radio Clásica, Santiago de Chile)

Unit 7

(a) En viaje al aeropuerto

Conductor	Perdone, ¿la carretera para el aeropuerto, por favor?
Guardia	Sí, mire, siga Vd. todo recto hasta el segundo semáforo y allí doble Vd. a la izquierda y continúe por esa calle hasta el final. Allí encontrará Vd. la carretera. Para ir al aeropuerto tiene que torcer a la derecha.
Conductor	Muchas gracias.
Guardia	De nada.

(b) Buscando la oficina de turismo

Turista	Por favor, ¿sabe Vd. dónde está la oficina de turismo?
Transeúnte	Pues, está un poco lejos de aquí, pero puede ir en el metro. Coja Vd. la línea 1 hasta la estación de La Unión. Al salir de la estación verá Vd. el Museo de Arte Moderno. La oficina de turismo está detrás del museo, en la calle Libertad.
Turista	Gracias.

Unit 8

(a) ¡Dígalo por la PR!, un espacio que hemos dedicado para que usted exponga sus comentarios y sus quejas. ¡Dígalo por la PR: el sistema de contestación automático que opera durante las 24 horas para que Vd. pueda ser escuchado. Llame ahora mismo al 31 45 45 y ¡dígalo por la PR!. La Romántica, XHPR 101.3 mghz, transmitiendo las 24 horas del día desde Veracruz.

(Radio La Romántica, Veracruz, México)

(b)   **¡Quejas y más quejas!**

(i)   ¿Oiga? ¿Quiere Vd. enviar a la camarera a la habitación 320, por favor? Le he pedido que me traiga toallas limpias. Esto fue hace más de una hora y todavía estoy esperando. Las necesito ahora mismo.

(ii)   Vd. es el jefe, ¿verdad? Mire, he traído el coche a reparar y vea Vd. el estado en que lo han dejado. Está peor que antes. El trabajo que han hecho no vale nada. Esta es la última vez que traigo el coche aquí.

(iii)   Perdone Vd., pero ¿a qué hora nos trae lo nuestro? Hemos pedido hace casi media hora. Tráiganos al menos el vino.

Unit 9

(a)   Rosario Santos

Periodista   ¿Compra Vd. normalmente en grandes almacenes como éstos o prefiere comprar en una tienda pequeña?

Rosario   Bueno …, la verdad es que eso depende … Hombre, si se trata de una cosa que necesito con urgencia, la compro en cualquier tienda de mi barrio, pero cuando tengo que comprar varias cosas prefiero venir aquí. Así no tengo que andar de un lado para otro. Vamos, que a veces se pierde mucho tiempo. Además, mire Vd., aquí hay más variedad y si va Vd. a una tienda pequeña del barrio muchas veces no encuentra lo que busca o es más caro.

Periodista   ¿Y los comestibles dónde los suele comprar?

Rosario   Pues, normalmente voy al supermercado, hay uno cerca de casa y allí hago la compra para toda la semana. Así me resulta más barato y más cómodo. Vamos, yo sé que hay gente que va todos los días a comprar una o dos cosas, luego se ponen a charlar con las vecinas, a cotillear y qué sé yo. Yo no señor, eso no, que en casa hay muchísimo que hacer.

(b)   Ana Belmar

Periodista   Ana, ¿tú compras normalmente en grandes tiendas como ésta o en tiendas más pequeñas?

Ana   Bueno, hoy he venido aquí porque están de rebajas y, claro, hay que aprovechar. Pero por lo general prefiero ir a alguna tienda pequeña donde haya más cosas exclusivas, sobre todo tratándose de ropa. A veces pagas un poco más. pero te llevas algo que realmente te gusta.

Periodista   ¿Te gusta vestir a la moda?

Ana   Vaya, sí, aunque no siempre puedo comprar lo que quisiera. Si trabajara, quizá sí, podría hacerlo, pero soy estudiante y el dinero me lo da mi padre.

(c)   **Andrés Calle**

Periodista   Vd, señor, ¿suele comprar aquí, en una gran tienda o prefiere hacerlo en una tienda pequeña?

Andrés   Pues, lo cierto es que prefiero ir a una tienda más pequeña donde el trato sea más directo, más personal. Pero eso sólo lo puedo hacer el fin de semana. Yo soy administrativo y trabajo por la mañana y por la tarde y cuando salgo las tiendas ya están cerradas. Por eso vengo a veces aquí, pues está abierto al mediodía. Aprovecho la hora de la comida para comprar lo que necesito.

Periodista   ¿Y la compra de comestibles la hace Vd. también?

Andrés   Pues no, de eso se encarga mi mujer. A veces la acompaño, pero normalmente no tengo tiempo. Pero tenemos un pequeño supermercado en el barrio donde compramos casi todo. Excepto la fruta y las verduras, claro eso se compra en el mercado. Es más barato, más fresco …

Unit 10

La dieta mediterránea

Presentador: Buenos días. Damos comienzo a un nuevo programa de la serie **La buena mesa**. En la primera parte del programa de hoy tenemos una invitada especial, la experta en nutrición Angélica Muñoz quien se referirá a los cambios que ha experimentado la dieta de los españoles.

Invitada: Buenos días. En primer lugar quisiera referirme a la llamada dieta mediterránea. Pues bien, la dieta mediterránea está de moda, aunque hasta hace poco no gozaba de muy buena reputación. Los médicos y nutriólogos han descubierto que en los países mediterráneos la incidencia de enfermedades cardiovasculares es mucho menor que en tierra adentro.

En España, las características de este tipo de alimentación se dan, sobre todo, en Andalucía y en el Levante. Allí, la base de la dieta es el pescado, las grasas vegetales y los vegetales que contienen gran cantidad de fibra.

Por el contrario, es en la meseta central, norte y noroeste, donde el riesgo sanitario es más alto, pues se consume un exceso de proteínas, grasas animales y azúcares. La preocupación de los científicos es que España se contamine de la dieta continental, en vez de que los demás se contagien de la dieta mediterránea.

Ahora, veamos lo que pasa en Madrid. La dieta de los madrileños es equilibrada y saludable, mejor que la del resto de capitales comunitarias. No obstante, los madrileños toman menos verduras de las necesarias y demasiadas proteínas y sal. Como complemento, hay que decir que en Madrid se come poco pan y patatas y mucha fruta, leche y pescado.

¿Y qué hay de los desayunos? Pues, los desayunos que se toman los madrileños son ligeros y se advierte una tendencia a no cocinar por la noche en casa. Uno de cada cinco escolares no desayuna y muchos de los que lo hacen consumen menos calorías de las aconsejables.

El comer cada vez con más frecuencia fuera de casa por razones laborales, sobre todo, es otra de las características de los cambios alimentarios de los madrileños. Madrid está siguiendo la tendencia de la Comunidad Europea, donde casi el 4 por ciento de la población activa realiza cinco almuerzos semanales fuera de casa.

Algo similar sucede en Cataluña. Los catalanes ingieren demasiadas proteínas y grasas y pocos hidratos de carbono ...

(Cambio 16, N° 886)

Unit 11

(a) Banda sonora de un anuncio de televisión

¿Quiere vivir grandes sensaciones?

¡Sí!

Pues este mes la sensación es el Seat Málaga.

¡Aaah!

Ahora, por ser para usted, por cien mil pesetas menos.

¡Ooh!

Esta acción tiene una duración limitada.

¡Ah!

Este mes las grandes sensaciones cuestan cien mil pesetas menos...

¡Oooh!

… Con el Seat Málaga.

¡Aaah!

En España los fabricantes gastaron doce mil millones de pesetas en publicidad: economía, belleza, confort, potencia y velocidad son argumentos habituales para convencer a los futuros compradores.

(b)   El uso del automóvil en trazados urbanos que no estaban pensados para el tráfico provoca embotellamientos que contribuyen al aumento de la polución y al nerviosismo de los conductores.

Estos son problemas ya viejos que pretende solucionar el proyecto Európolis, que forma parte del Plan europeo de alta tecnología llamado Eureka, en el que participan 18 naciones.

(c)   Actualmente hay automóviles con ordenadores que detectan averías, obedecen sólo a la voz de su propietario o no funcionan si el conductor ha bebido más de la cuenta. Y ahora se estudia la creación de un sistema de computadoras que, desde una unidad central, no sólo regule el tráfico, sino que proporcione a los ordenadores de los automóviles informaciones tales como la ruta más indicada a seguir, el tiempo de llegada al punto de destino o la zona en la que encontrará aparcamiento.

(Radio Nacional de España).

Unit 12

Entrevista con Teresa

Pregunta   Teresa, tú y Paco os habéis casado hace muy poco tiempo, ¿verdad?

Teresa   Sí, hace poco más de un año.

Pregunta   Y ambos sois profesionales, ¿no es así?

Teresa   Sí, Paco es arquitecto y yo soy psicóloga.

Pregunta   ¿Y cómo os arregláis con las tareas del hogar? Con la limpieza, la cocina, la compra, y todas aquellas tareas que hay en toda casa y que no se pueden eludir. ¿Quién las hace? ¿Tenéis a alguien que os ayude?

Teresa   Pues, tenemos una asistenta que viene dos veces por semana a limpiar el piso y a planchar, pero todo lo demás lo hacemos Paco y yo. La compra la hago yo, pues salgo antes del trabajo y camino de casa paso por el supermercado. En cambio, Paco, que cocina mucho mejor que yo, se encarga de guisar. Los fines de semana lo hacemos juntos, pero vamos, a él le encanta la cocina y a mí no. Pero yo soy la que friega los platos.

Pregunta   ¿Son labores compartidas, entonces?

Teresa   Totalmente. De otra manera, quizá no funcionaríamos bien como pareja. Me molestaría tener que encargarme yo de todo. En cambio así, las cosas marchan muy bien y no hay ningún tipo de resentimiento. Por el contrario, Paco y yo tenemos una excelente relación.

Pregunta   ¿Y cuándo vengan los hijos?

Teresa   Pues, probablemente tendremos que hacer ciertos ajustes, pero fundamentalmente, no creo que las cosas vayan a cambiar.

Pregunta   ¿Sois una pareja feliz, entonces?

Teresa   Sin duda.

SPANISH–ENGLISH VOCABULARY

Words already listed in each unit have not been included in this vocabulary. Basic vocabulary and grammatical words have also been omitted.

a lo mejor *perhaps*
abogado (m) *lawyer*
acceder *to have access*
acerca de *about*
además *besides*
administrativo (m) *office clerk*
afección (f) *illness*
aficionado a *fond of*
agencia de empleos (m) *employment agency*
agradecer *to be grateful*
ahorrar *to save*
ajedrez (m) *chess*
alcanzar *to reach*
alegría (f) *sesame*
algodón (m) *cotton*
alimentación (f) *food*
alojamiento (m) *accommodation*
amenaza (f) *threat*
amistades (m pl) *friends*
ampliamente *fully*
ampliar *to expand*
amplio *varied, wide*
antecedentes (m pl) *background*
aplicar *to apply*
aplicarse una ducha *to take a shower*

aprender *to learn*
aprovechar *to take advantage*
apuntar *to point to*
artículos electrodomésticos (m pl) *electrical household appliances*
ascensor (m) *lift*
asegurar *to assure*
así *so, thus*
asignar *to allocate (funds), assign*
asimismo *likewise*
asistencia (f) *attendance*
asumir *to assume, take on*
atajar *to stop from spreading*
atender *to look after*
atraer *to attract*
aumento (m) *increase*
aunque *although*
avance (m) *progress*
ayudar *to help*

bajarse *to get off*
boletín (m) *form*
bonificado *subsidized*
brevemente *briefly*
bruto *gross*
buscador (m) *hunter (treasure)*
buscar *to look for*
búsqueda (f) *search*

cabe: no --- duda *there is no doubt*
cabello (m) *hair*
cabina (telefónica) (f) *telephone booth*
calidad (f) *quality*
camino (m) *road*
campo (m) *field*
campo de fútbol (m) *football field*
cansado *tired*
capa de ozono (f) *ozone layer*
cargamento (m) *cargo*
cargo (m) *post, charge*
carretera (f) *main road*
casamiento (m) *marriage*
caseta (f) *kiosk*
casi *almost*
cayo (m) *key (geography)*
cercano *nearby*
certificado *registered*
charlar *to chat*
chófer (m) *driver*
ciencias aplicadas (f pl) *applied sciences*
cifra (f) *figure*
ciudadano (m) *citizen*
clave *key*
cobrar *to charge*
cocina (f) *cuisine*
coger *to take (transport)*
colega (m/f) *colleague*
colocado *placed*
comienzo (m) *beginning*
comodidad (f) *comfort*
compartir *to share*
concepto: en --- de *by way of*
confección (f) *preparation*
conseguir *to get*
consignado *recorded*

consumidor (m) *consumer*
contabilidad (f) *accountancy*
contagiarse *to contaminate, infect*
contar *to tell*
contestación (f) *answer*
contratado *agreed*
contribuyente (m) *contributor*
convenir *to be convenient*
convivir *to live together*
cuidar *to look after*
culpable *guilty*

dañar *to damage*
dañino *damaging*
dar un paseo *to go for a walk*
dato (m) *information*
de igual modo *likewise*
de hecho *in fact*
dedicarse a *to do*
dejar claro *to reveal*
deportes (m) *sports*
deportivo *sports (adjective)*
desafío (m) *challenge*
desarrollar *to develop*
descanso (m) *rest*
descrita *described*
desgraciadamente *unfortunately*
desigual *unequal*
desocupado *free, unoccupied*
despejado *clear, cloudless*
destinatario (m) *addressee*
detallada *detailed*
devolución (f) *refund*
dibujos animados (m pl) *cartoons*
dictar *to dictate*
dirigirse *to go, address*
domiciliario *home (adjective)*
dotado *equipped*
duda (f) *doubt*

dudar *to doubt, hesitate*
duplicarse *to double*

edad escolar (f) *school age*
edificio (m) *building*
efecto invernadero (m) *greenhouse effect*
efectuar *to do, carry out*
encargarse de *to be responsible for*
encuesta (f) *survey*
enfrentar *to face*
entorno (m) *environment*
entregar *to give, hand in*
entrevistar *to interview*
envío (m) *correspondence, despatch*
escolares (m pl) *school children*
escritor (m) *writer*
espalda (f) *back*
estar de moda *to be in fashion*
estudios superiores (m pl) *higher education*
étnico *ethnic*
evitar *to avoid*
exigente *demanding*
expedito *quick, speedy*
exponer *to put forward*

fabricante (m) *manufacturer*
factura (f) *receipt, invoice*
facultativa *optional*
faltar *to lack*
famoso *famous*
favorecer *to favour*
figurar *to appear*
fijar citas *fix appointments*
folleto informativo (m) *information brochure*
formación (f) *training*
forzado *forced*
frito *fried*

funcionar *to function, work*

gabinete (m) *section*
ganar *to earn, win*
gasto (m) *expense*
golpe (m) *coup*
graduado *graduate*

hacer falta *to be necessary*
hasta tal punto *to such a point*
hecho (m) *fact*
horario (m) *time table, working hours*
hundido *sunk*

idioma (m) *language*
impartir *to teach*
imponerse *to prevail*
importe (m) *cost, value*
inclinarse *to be inclined*
incluso *even*
índice (m) *rate*
ingeniero (m) *engineer*
investigación (f) *research*

jefe (m) *boss*
joyería (f) *jewellery*
jugador (m) *player*

lamentablemente *regrettably*
leguminosa (f) *pulse*
lento *slow*
líder *leading*
limpio *clean*
litoral (m) *coast*
llevar *to bear, deliver*
llevar a cabo *to carry out*
llevarse bien/mal *to get on well/ badly*
locutorio (m) *telephone exchange*
lucha (f) *struggle*
lujo *luxury*

malestar (m) *illness*
maleta (f) *suitcase*
mano de obra (f) *labour*
marcado *marked*
marchar *to go, leave*
marea (f) *tide*
mariachi (m) *band that plays popular Mexican music*
más bien *rather*
matricularse *to register, enroll*
mediante *through*
mejora (f) *improvement*
merecer *to deserve*
merecer la pena *to be worth it*
mesa (f) *table (food)*
microbús (m) *small bus*
miembro (m) *member*
mientras *whilst*
mismo: ahora --- *right now*
modalidades (f pl) *facilities*
módico *moderate, reasonable*
mundo (m) *world*
músculo (m) *muscle*
muy señor mío *dear sir*

nacimiento (m) *birth*
nada mal *not bad at all*
nadar *to swim*
netamente *purely*
nevera (f) *fridge*
nivel (m) *level*
novio (m) *boyfriend*
nuez (f) *nut*
nutriente (m) *nourishing food*
nutriólogo (m) *dietician*

obstante: no --- *nevertheless*
ocio (m) *leisure*

paradero (m) *stop*
particular *private*

partido político (m) *political party*
partir: a ---- de *from, starting*
pasar a buscar *to pick up*
pasillo (m) *corridor*
paso subterráneo (m) *subway*
pastilla (f) *pill*
peletería (f) *furs*
película (f) *film*
peor: en el --- de los casos *at worst*
perderse *to get lost*
periodista (m/f) *journalist*
permitido *allowed*
petición: a --- de *at the request of*
piel (f) *skin, leather*
piscina (f) *swimming pool*
piso (m) *floor, flat*
planear *to plan*
plaza (f) *seat*
pleno *full*
pleno: en --- centro *right in the centre*
población activa (f) *working population*
poner en conocimiento *to let know*
poner en marcha *to start up, move*
por el contrario *on the contrary*
por suerte *luckily*
por supuesto *of course*
potencia (f) *power*
predominio (m) *predominance*
prejuicio (m) *prejudice*
prever *to forsee*
probador (m) *fitting room*
promover *to promote*
propensión (f) *tendency*
propietario (m) *owner*
proporcionar *to provide*
proteger *to protect*
proveniente *coming from*

puesto que *as*
puesto (m) *post*

quedar *to be left*
queja (f) *complaint*

rastreado *tracked, traced*
recibo (m) *receipt*
recogida (f) *from* recoger *(to pick up)*
rectificar *to rectify*
regalar *to give a present*
reinstaurar *to restore, reestablish*
rellenar un impreso *to fill in a form*
remitente (m) *sender*
renovarse *to renew oneself*
reparto (m) *delivery*
resentimiento (m) *resentment*
respirar *to breathe*
revista (f) *magazine*
rivalizar *to rival*
roto *broken*
ruego: le --- *kindly, please*

salud (f) *health*
salvaje *wild*
seco *dry*
seguidamente *then*
seguro (m) *insurance*
semáforo (m) *traffic light*
sentido del humor (m) *sense of humour*
siglo (m) *century*
sobrevivir *to survive*
solicitar *to request*
solucionar *to solve*
sometida *subjected*
subir *to go up*
suceder *to happen*
suelo (m) *floor, ground*

suerte (f) *luck*
superar *to be over*

talla (f) *size (clothes)*
tardar *to take (time)*
tarea (f) *work, labour*
tarjeta (f) *card*
techo (m) *roof*
tejido (m) *tissue*
temporada (f) *season*
tener en cuenta *to take into account*
teniente (m) *lieutenant*
tesoro (m) *treasure*
tienda (f) *shop*
título académico (m) *univeristy degree*
título (m) *degree, certificate*
título universitario (m) *university degree*
toalla (f) *towel*
tomar una copa *to have a drink*
tono: a--- *in harmony, in tune*
torcer *to turn*
traductor (m) *translator*
tranquilo *quiet*
transbordar *to change (transport)*
traslado (m) *transfer*
tratamiento (m) *treatment*
través: a --- de *through*

usuario (m) *user*
utilizar *to use*

vale *O.K.*
validez (f) *validity*
valle (m) *valley*
varón (m) *man, male*
vecino (m) *neighbour, resident*
venda (f) *bandage*
ventaja (f) *advantage*
vergüenza (f) *shame*

viaje *journey, trip*
viajero *travelling; (m) traveller*
vías respiratorias (f pl) *respiratory tract*
vidrio (m) *glass*
vista (f) *view*
vivienda (f) *house, housing*
vuelo (m) *flight*
vuelta (f) *return*

ya *already*
ya no *no longer*
ya que *as, since, for*
yate (m) *yacht*

zapato (m) *shoe*
zapatería (f) *shoe shop*

INDEX

acostumbrar *with the infinitive* 8, 13

comparisons 177, 179
conditional sentences 133–4
conditional tense 122–3

direct object pronouns 51, 55–6

esperar *with the infinitive* 70, 73
estar 86, 88, 150–1
estar *with the gerund* 150–1

faltar 68
future tense 72

gerund 38–9, 69, 148, 151
gustar 25–6

hace *with a time phrase* 38–9, 55
hacer falta 136
hay que 136

imperative 101, 106–8
imperfect subjunctive tense 135–6
imperfect tense 23, 72–3
indirect suggestions and commands 151–2
indirect speech 115, 120, 122–3
indirect object pronouns 53, 56

llevar *with the gerund* 37, 38–9

para 11, 89
parecer 26
past participle 121–2
perfect conditional 164
perfect tense 21, 115, 121–2
pluperfect subjunctive tense 161, 163–4
pluperfect tense 178–9

por 89
present subjunctive tense 86, 89–90, 117
present indicative tense 13
preterite tense 54–5
pronouns (direct, indirect) 55–6

se 85, 88–9
seguir *with the gerund* 69
ser 86, 88
si *(see conditional sentences)*
soler *with the infinitive* 8, 13

tener que 136
tenses
  conditional 122–3
  future 72
  imperfect indicative 23, 72–3
  imperfect subjunctive 135–6
  perfect 21, 115, 121–22
  perfect conditional 164
  pluperfect indicative 178–9
  pluperfect subjunctive 161, 163–4
  present indicative 13
  present subjunctive 86, 89–90, 117
  preterite 54–5

venir *with the gerund* 175
verbs which express obligation and needs 136